科学仪器设备产业
发展战略研究

张杰军 赵 捷 等◎编著

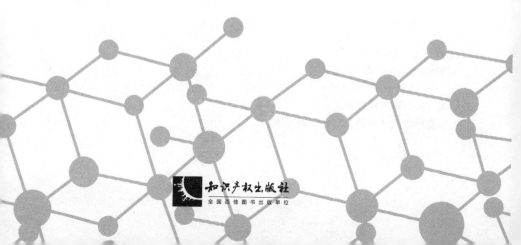

知识产权出版社
全国百佳图书出版单位

图书在版编目（CIP）数据

科学仪器设备产业发展战略研究 / 张杰军等编著 . —北京：知识产权出版社，2015.3

ISBN 978 – 7 – 5130 – 3326 – 8

Ⅰ.①科… Ⅱ.①张… Ⅲ.①科学研究 – 仪器设备 – 产业发展 – 发展战略 – 研究 – 中国 Ⅳ.①F426.4

中国版本图书馆 CIP 数据核字（2015）第 016208 号

责任编辑：刘 爽　　　　　　　责任校对：谷 洋
封面设计：杨晓霞　　　　　　　责任出版：孙婷婷

科学仪器设备产业发展战略研究

张杰军 赵 捷 等/编著

出版发行：知识产权出版社 有限责任公司		网　　址：http：//www.ipph.cn	
社　　址：北京市海淀区马甸南村 1 号		邮　　编：100088	
责编电话：010 – 82000860 转 8125		责编邮箱：liushuang@cnipr.com	
发行电话：010 – 82000860 转 8101/8102		发行传真：010 – 82000893/82005070/82000270	
印　　刷：北京富生印刷厂		经　　销：各大网上书店、新华书店及相关专业书店	
开　　本：880mm×1230mm　1/32		印　　张：5.75	
版　　次：2015 年 3 月第 1 版		印　　次：2015 年 3 月第 1 次印刷	
字　　数：136 千字		定　　价：35.00 元	
ISBN 978 – 7 – 5130 – 3326 – 8			

前　言

　　科学仪器设备是科学发展和技术创新的重要支撑条件。科学仪器设备还在生命科学、医学、生态环境保护、食品安全监测、进出口检疫检测、工业安全生产、公共安全等领域发挥着不可替代的作用。科学仪器设备产业不同于一般的产业，是对一国工业进步、科技创新和经济社会发展乃至国家安全具有重大影响的新兴战略产业。

　　世界领先国家发展科学仪器的经验表明，谁掌握了最先进的科学仪器，谁就掌握了科技发展的优先权、人民健康的保障权、商业标准的制定权以及突发事件的主动控制权。

　　近年来，我国在科学仪器设备装备上有了很大进步，但仍然无法满足科技经济快速发展的需求，以至于在一定程度上制约了我国科学技术的发展。因此，增强科学仪器设备研发能力，提高科学仪器设备产业的发展水平，提升我国自主创新能力已是十分迫切的任务。

　　2008 年，中国科学技术发展战略研究院承担了创新方法专项项目"科学仪器设备自主创新基地与共享平台建设战略研究"，旨在从科学仪器设备创新体系构建的角度对未来发展进行战略谋划，从而为我国科学仪器设备创新工作提供支撑。2009 年，中国科学技术协会委托中国科学技术发展战略研究院、中国仪器仪表学会、北京科学学研究中心共同承担"试验仪器设备产业发展的战略研究（项目编号：2009ZCYJ06）"课题，目的是在对我国试验仪器设备产业发展进行战略构思和总体设计的基础上，提出产业发展的近期目标、重点任务和相关建议，为我国试验仪器设备发展提供理论依据、综合策划和决策参考。

本书是在这两项研究成果的基础上整理而成的，项目研究注重以下方面。

一是调研。研究组对我国科学仪器产业发展的现状进行了大量的调研。调研的科学仪器生产企业和跨国公司包括：北京东西分析仪器有限公司、北京华夏科创仪器技术有限公司、上海光谱仪器有限公司、上海舜宇恒平科学仪器有限公司、聚光（杭州）科技有限公司以及长三角研究院等相关机构；赛默飞世尔科技（中国）有限公司、安捷伦科技（中国）有限公司、岛津国际贸易（上海）有限公司、德国耶拿分析仪器有限公司和瑞士万通中国有限公司。调研的政府部门和科学仪器协会包括：中国分析测试协会、上海市分析测试协会和中国科学仪器学会。调研了相关大学和公共科研机构，如清华大学分析测试中心、中科院等相关研究所。召开多次研讨会，与来自中科院化学所、中科院大连化学物理研究所，中国农科院，清华大学、北京大学、浙江大学、首都师范大学，北京凝聚态物理实验室、北京分子科学国家实验室的专家进行座谈。

二是实证研究和理论研究相结合。本项研究除进行大量实地调研之外，还梳理了美国、澳大利亚、加拿大、欧盟、英国、日本等国家和地区政府推进科学仪器设备产业发展的政策措施，并总结了相关经验。研究分析了科学仪器设备自主创新与产业化的规律与特征，以及国际科学仪器设备创新的趋势与经验。以日本岛津公司的田中耕一获诺贝尔化学奖为例，分析了科学仪器设备企业技术创新取得重大突破所需要的条件。

三是合作研究。本书的两项研究工作是由研究者、科学仪器使用者和科学仪器生产企业的管理者三方力量共同完成的。

本书的两项研究成果是集体创造的成果。参加"科学仪器设备自主创新基地与共享平台建设战略研究"和"试验仪器设备产业发展的战略研究"的研究人员包括，郭铁成、张杰军、伊彤、赵捷、张赤东、郑健、韦东远、汤世国、刘春晓、周程、张新荣、杨海军、严亮、陈会忠、李滋睿、阎成德、王俊丽、李文军、杨博、徐修乾、曹军、王志峰、刘长宽、唐海霞、李慧敏、龙开元、张玉来、尹晓亮、燕泽程、石镇山、张莉、胡柏顺、朱明凯、汪正范、金钦汉、杨实君、张敏、郑祎、陈媛媛、关亚风等。还有一些业界专家也参加了课题的调研活动，并对我国科学仪器产业发展提出许多建议，在此表示感谢。

在这两项课题的研究中，张杰军、赵捷全程参与组织与研究工作，燕泽程全程参与了"试验仪器设备产业发展战略研究"课题的组织与研究工作。

吴学梯、周元、孙增奇、马晋并、郑健、刘春晓、周大亚，为研究工作提供了指导，在此表示感谢。

在本书撰写过程中，很多机构和专家提供了大量研究资料和数据，书中未能一一列出他们的名字，在此一并表示感谢。张杰军、赵捷对全书结构进行了整体设计，对相关内容进行了筛选，并完成最后的统稿工作。

本书研究与撰写过程中，中国科学技术发展战略研究院、北京科学学研究中心和中国仪器仪表学会给予大力支持，在此谨致谢意！

笔者水平有限，本书的内容、观点等方面难免有不足和纰漏之处，恳请各方提出宝贵的批评意见和修改建议。

目　录

1

科学仪器设备产业发展的特点，及科学仪器设备

在科学研究和经济发展中的作用

1.1　科学仪器设备产业发展的特点

科学仪器设备是科学研究、计量测试和质量监测最重要的技术手段和条件设备，是用于分析、测量、控制的仪器的总称。

科学仪器设备涉及精密机械、电子学、光学、计算机技术、材料科学、物理学、化学、生物学等多个学科和先进技术，是多学科交叉综合作用下的高技术创新产物，是国家精密光机电一体化技术发展水平的综合体现。科学仪器设备产业的水平在一定程度上反映了一个国家工业发展的总体水平；同时各种新型仪器设备的诞生和应用又为各行业的发展提供重要的技术支撑和推动作用。

科学仪器设备产业发展有其独特的规律。其产品研发周期长，形成产品的市场周期更长，研发需要投入大量资金；由于科学仪器设备是科学家进行研发所凭借的基本手段，因此，其研发水平还与科学研究水平息息相关；组成仪器的元器件多，精度要求高；科学仪器设备品种多，批量小，产业规模小；科学仪器设备产品生产耗能低、耗材低、污染低。这些特点使得科学仪器设备产业特别适合发展中小企业，适合通过研发成果的商业化，推进科学仪器产业的发展。

与传统产业相比，影响科学仪器设备产业提升的因素更多、更复杂。因此不能期望我国科学仪器设备产业在很短的时间内全面赶上或超过国际仪器设备的制造水平，必须长期投入，循序渐进，稳步提升。

1.2 科学仪器设备在科学研究和经济发展中的作用

1.2.1 诺贝尔奖等一流科技成果的重要源泉

先进的科学仪器既是技术创新和知识创新的前提，也是创新研究的主体内容之一和创新成果的重要体现形式，科学仪器的创新往往成为最有价值、最具活力、最有竞争力和发展前景的创新。据不完全统计，一个世纪以来，五十多位科学家因为在科学仪器方法和技术方面的直接成果获得诺贝尔自然科学奖；三分之一以上的诺贝尔物理学奖、化学奖和生物医学奖颁发给了那些在电子显微镜、质谱仪、CT 断层扫描仪、X 光物质结构分析仪、光学相衬显微镜和新开辟领域的扫描隧道显微镜等科学仪器及其方法技术方面有杰出创新的科学家；2002 年的诺贝尔化学奖更是全部奖给了三名在分析仪器研究领域有杰出贡献的分析化学家；2005 年的诺贝尔物理学奖授予为极宽频带的高准确计量激光仪发展奠定重要基础的三名物理学家。当今世界，谁掌握了最先进的仪器和分析测试手段，谁就掌握了科技发展的优先权；放弃自主发展先进的分析测试仪器就等于放弃了这些权利。

1.2.2 抢占科技战略制高点的必然途径

著名科学家师昌绪先生曾指出："须知一个仪器从实验阶段做到成为商品，至少要三至五年，而这期间大量有开拓性工作都已发表，而买来的设备已是强弩之末，难以做出开创性的工作。"然而真正的核心技术是买不来的，尤其是涉及军事、纳米、生命科学等领域的具有战略意义的高端科学仪器，发达国家一直对我国进行封锁。如 2003 年"非典"爆发后，我国拟建立生物安全 P4 实验室，而其中的核心科学仪器国外对我国实行封锁；再如，风洞在国防、铁道、桥梁等领域具有十分重要的作用，而其中的核心仪器国外也一直对我国实行封锁；又如，高档激光干涉仪是超高精密测量和加工的必备测量仪器，仅有极少数的几个国家生产，但全部禁止向中国出口，等等。为了彻底打破发达国家的技术封锁，有效避免在关键领域和环节"受制于人"，加强科学仪器核心技术，特别是具有自主知识产权的高新科学仪器的自主研究和开发，已成为抢占科技战略制高点的重要举措。

1.2.3 支撑国家重大工程实施的重要手段

科学仪器设备是我国西气东输、南水北调、北斗星定位系统等重大工程、重大装备不可或缺的组成部分。这些重大工程和重大装备关系到国家的重大利益，其实施更需我国自主研发相关配套的科学仪器。同时，科学仪器也是我国载人航天工程、探月工程的重要组成部分，如神舟飞船由"测控与通信""环境控制与生命保障""仪表"等13个部分组成，而"测控与通信"等三个部分均由若干科学仪器组成。因此，加强科学仪器的自主创新，也是有效支撑国家重大工程的重要举措。

1.2.4 增强我国国际话语权的重要手段

近年来，尤其是我国加入 WTO 后，发达国家采用提高有关项目的测试指标等手段，设置技术壁垒，致使我国在国际贸易中蒙受了巨大的经济损失。为此，加强我国科学仪器自主创新，提高其检测水平和能力，摆脱受制于人的局面，具有十分重要的现实意义。同时，如果能针对我国特色资源和优势资源的检测需求，发展起具有我国特色的科学仪器产业，可以提高我国特色资源和优势资源的技术壁垒，限制或减少国外商品涌入中国，从而达到反标准、反控制的作用。

1.2.5 传统产业改造升级、新兴产业发展的必要设施

长期以来，我国传统产业一直面临着高能耗和高物耗的问题。这些问题已经制约了我国经济社会的可持续发展。在能源紧缺，环境污染日益严重的背景下，传统产业改造升级的需求已十分迫切。科学仪器设备渗透到传统产业，可以有效地监控生产过程，提高生产的自动化和智能化水平，保证产品生产的规范性，提高产品质量，提高资源利用效率，提高劳动生产率，从而引导传统产业的技术基础、产品结构和产业结构升级。因此，科学仪器设备是现代生产从粗放经营向集约型经营转变必须采取的措施。

目前，科学仪器已广泛应用于装备、改造传统产业工艺流程的测量和控制，已成为现代化大型重点成套装备的重要组成部分。随着装备水平的提高，科学仪器设备在工程装备总投资中所占比重越来越大。而在产业升级和转型中兴起的现代生物、医学、生态环境保护、现代农业等行业，同样需以科学仪器设备为基础，构建其科学技术体系和生产体系。充分发挥科学仪器的渗透性、倍增性和创新性作用，是推动传统产业结构升级，新兴产业发展，实现经济发展方式转变的战略性举措。

1.2.6 科学仪器设备是信息技术的组成部分，是战略性产业

钱学森院士对新技术革命有过精辟的论述："新技术革命的关键技术是信息技术。信息技术由测量技术、计算机技术、通讯技术三部分组成。测量技术是关键和基础"。现在通常提到的信息技术只是指计算机和通信技术，而忽略了关键的基础的测量技术。各类仪器是测量技术的载体，因此，仪器技术是信息源头技术，仪器工业是信息工业的重要组成部分，与信息技术其他两个组成部分一样是国家的战略性产业。

随着经济社会的发展，环境保护、国防建设、食品安全、生产安全、医疗卫生等经济和社会发展的重要领域对科学仪器的需求不断上升，使其在整个国民经济体系中发挥着撬动更大经济发展的杠杆效应。涉及重大科技前沿、国防等敏感领域的重大科学仪器设备的核心技术是买不来的。科学仪器已经不仅仅是科学研究的基础手段之一，而且是在整个国家科技、经济发展战略中有着重要地位的战略性产业。

2

发达国家政府推进科学仪器设备产业
发展的经验

鉴于科学仪器设备在国家科技、经济、国防和社会发展中的战略地位，加速科学仪器设备产业发展已成为世界各国关注的重点之一。发达国家对科学仪器设备产业的发展，已从自发状态转入有意识、有目标的政府行为，通过制定专项规划，加大对原创性科学仪器设备发明和研制的支持等手段，提升和保持国家在科学前沿领域的竞争优势。

2.1 重视顶层设计，引导产业发展

发达国家大多非常重视科学仪器设备产业发展的顶层设计，主要是通过制定规划、计划或路线图，确定战略框架和长期视野，引导科学仪器设备产业发展。

2.1.1 制定前瞻性发展计划

美国能源部 2007 年发布了《未来二十年重大科学装备计划》中期报告，以期为能源部的政策与资助决策提供指导方针。该计划在 2003 年第一次发布时，是第一个宽范围、跨学科、跨国的科学装备计划。该计划罗列了 28 项优先设施，这些设施按照今后 20 年内近期、中期和远期的优先等级分类，明确了未来 20 年科学办公室支持的科学研究领域，包括：聚变能、先进科学计算、材料科学、生物与环境科学、高能物理、核物理等。这些装备与设施是按照科研重要性以及建造的难易程度来排序的，涉及科学研究的各个领域。澳大利亚政府 2001 年 8 月推出了"国家合作研究基础设施战略计划（NCRIS）""国家重点研究设施计划""系统基础设施计划"等。这些计划旨在鼓励和支持澳大利亚在高端领域的科研力量和资源的共享和合作，是澳政府建设科技基础条件平台的主要措施，对于科学、工程和技术方面的主导型边缘研究极其重要。

2.1.2 研究制定战略路线图

近年来，研究制定战略路线图把握科学仪器设备发展路径，已成为发达国家非常重视的政策工具之一。

英国政府 2000 年 7 月发布了英国科技政策白皮书《卓越与机遇：21世纪的科学与创新政策》，提出"以世界级的设施使我们的科学家和工程师做世界级的研究"的政策。根据这项政策，英国科学技术办公室于2001 年 6 月出台了《大型科学设施战略路线图》，并每两年对其内容进行更新，2007 年第三次更新了《大型设施战略路线图》，2009 年 8 月公布了新路线图咨询草案。大型设施战略路线图是英国研究理事会及其成员的一个工具，可以借此从战略的角度，评估英研究人员将要使用的最贵和最复杂的科学设施。战略路线图，列出了由英国研究理事会确定的拟优先考虑的科学仪器设备项目，这些项目符合以下一项或多项标准：供多国使用的科学仪器设备，从而可在多国之间分担投入，并可通过这种合作关系使英国的科学项目受益；能够满足一个以上研究理事会所资助的研究团体对科学仪器使用的要求；设备投入高于 2500 万英镑，占单个研究理事会预算的比例很大。

日本政府历来将重大科学仪器视为支撑创造性基础研究的基本条件之一加以重视，并有计划地推进其建设，使日本的大科学仪器建设得以持续发展。于 2007 年发布了《日本创新战略 2025》。日本经产省（METI）与新能源产业技术综合开发机构（NEDO）等联合公布了日本《2009年技术战略路线图》。欧盟则于 2006 年发布了《欧洲研究基础设施路线图》，提出了未来 10 ~ 20 年欧洲重点发展的研究基础设施。该路线图对欧洲新增主要研究基础设施的发展线路进行讨论，标明了 35 个成熟项目，每个项目还有 1 ~ 4 年期的预备项目，且这些基础设施投资在

1000万至10亿欧元之间。该规划强调国际科技竞争力，突出科学前沿，并从国家发展战略高度，瞄准与生态环境、资源、能源和人类健康相关的重大科技。欧盟在"第七框架计划"中，斥资41亿欧元主要用于辐射源、望远镜和数据库等新型研究基础设施建设，其重视程度可见一斑。

2.2　加大对科学仪器设备产业共性关键技术的研发投入，降低企业技术创新风险

发达国家政府普遍通过直接投资或间接优惠的方法支持科学仪器设备企业自主研发，促进产学研一体化发展。

2.2.1　设立专项基金

很多国家设有各式各样的基金会和相关支撑机构，给予科学仪器设备产业研发资助。美国把科学仪器设备发展的总目标确定为保持美国在世界科学仪器领域的领先地位，不仅把科学仪器设备行业作为信息产业，大力鼓励各大仪器公司加大 R&D 的投入，还从国家层面通过国家科学基金会（NSF）和美国国立卫生研究院（NIH）两个基金会，对各大公司的科学仪器设备研发进行扶持，并将对科学仪器设备发展的资助分为三个阶段：第一阶段力度较小、资助面较宽、以创新性方法研究为主；第二阶段则是对第一阶段取得成果的进一步支持，资助强度较大，往往可比第一阶段大 10 倍以上，但只提供给企业；第三阶段的资助力度更大，用于科学仪器的产业化。NSF 将"人才、思想、工具"作为三大战略目标，并形成三大资助板块。其中"工具"的总体目标是提供广泛可用的、世界领先水平的、共享的研究与教育工具。同时，作为美国仪器研发的重要支撑机构，美国国家标准技术研究院（NIST）前身美国标准局，其设

立之初的四大职能是"为制造业、商业贸易、科学仪器的制造和大学等提供最大的帮助"。政府和议会对 NIST 提供大量资金、人员等各方面的支持,为美国新仪器设备发展和相关技术方法的开发提供了重要支撑。此外,在太空探险方面、国土安全方面、生命科学领域都设立了重大专项基金。这些以应用为特征的专项基金不但保证了研究经费,而且提出了明确的研究目标,使得科研成果具有针对性,能够被迅速地产业化,很快转化为生产力。

加拿大主要通过创新基金加强各创新主体的研究基础设施建设。于1997 年创建的加拿大创新基金(CFI),其目标是加强国内大学、学院、研究慈善组织和其他非盈利性机构开展世界级研究和技术发展的能力。通过对研究基础设施项目的投入,为研究团体提供完善的基础设施,以解决在跨学科领域中的问题,从而加强研究团体参与最前沿竞争的能力,并帮助加拿大全国的研究培训。而对加拿大科学技术研究开发体系中的联邦级省区系统的基础设施支持,也是通过 CFI 的投入和运作来完成的。2001 年,CFI 决定设立两类国际合作基金:一类是国际联合风险基金,用于支持在加拿大建立国际先进研究基础设施。该基金预算为 1 亿加元;另一类是国际参与基金,用于资助加拿大科学家和加拿大研究机构参与国际科学和研究活动。该基金预算也是 1 亿加元。2004 年 4 月中旬,CFI主席宣布将投资 3890 万加元用于建设加拿大科学相关的新设施。这项投资将使现有的中微子天文台(SNO)成为永久性的、世界级的研究设施。这些战略性的研究投资将使加拿大到 2010 年在研发绩效方面达到世界前五位的水平。还有一个较为典型的例子是英国。2007 年,英国新成立了科学与技术设施理事会(STFC),该理事会拥有重要的战略领导地位,便于英国政府在研究设备和基础设施方面集中进行投资。STFC 将接管中央实验室研究理事会（CCLRC）原来管理的研究项目、研究活动和研究设施。英国科技的政府主管部门是英国贸工部下属的科学技术办公室（OST）。OST 将"研究、人才、研究设施、知识转移"作为四大经费预算板块，其中对科学基础设施和科学仪器的资助主要通过三种投资机制：科学研究投资基金、共同基础设施基金、共同研究设备计划来实施。

2.2.2　通过专项计划提供经费支持

国外政府通常通过设立科学仪器设备发展的相关专项计划来资助科学仪器设备制造企业和科研院所开展自主研发。

澳大利亚研究理事会将其负责的国家竞争性资助项目划分为两大板块，即"发现、联系"，在联系板块中设立了"基础设备和仪器专项计划"，对特定领域高水平研究项目实施所需重要设备和仪器进行投资。加拿大自然科学与工程研究理事会（NSERC）制定了"研究工具、仪器及设施计划"，下分三大专项：研究工具与仪器（RTI）、重要研究设施利用专项（MFA）、科学考察船时（Ship Time），主要通过技术伙伴计划和工业研究援助计划支持企业的研发。日本于 2002 年制定了"高精密科学仪器振兴计划"，岛津公司的田中耕一于 2002 年获得诺贝尔奖后，文部科学省决定，从 2004 年起斥巨资（100 亿日元）开发世界尖端的分析计算测量仪器，以推进更多诺贝尔奖级的科研成果。

2.2.3　灵活运用企业税收优惠和补贴政策

为了保护本国仪器设备产业的发展，各国政府普遍采取了税收优惠、补贴等政策来促进本国企业的研发活动。

日本政府出台的《增加试验研究费税额扣除制度》规定，当企业或研发机构的科研经费的增加部分超过以往的最高限额时，可按增加部分的 20% 抵免所得税。此外，日本《外汇和外贸管理法》规定，如果利用引进的新技术生产的产品，在其国产化后仍未具备较强的国际竞争能力时，必须限制进口同类产品，以保护本国产品的发展。与此同时，日本政府还采取税收优惠政策扶持科学仪器设备研发，规定购买本国产的科学仪器设备可享受免税优惠。

为提高企业创新能力，美国政府对企业 R&D 投资给予永久性税额减免的优惠待遇，并将小型企业的先进技术长期投资收益税降低 50%。美国的《经济复兴税法》曾规定：（1）凡是企业研究开发经费支出超过前三年平均值的，可按超过部分的 25% 抵免所得税；（2）缩短机械设备的折旧年限；（3）进一步扩大企业向大学赠送供研究用新设备的减税范围；（4）对跨国公司的研究开发型小企业采取税收优惠政策。美国税法还规定公司委托大学或科研机构进行基础研究，根据合同所支付的研究费用的 65% 可从所得税中抵免，同时对新产品的中间试验产品给予免税优惠政策。此外，美国政府推出的"小企业创新研究计划"规定，年研究开发经费超过 1 亿美元的部门，必须从其支持外部研究的经费中拿出一定比例的经费资助小企业开展研究开发活动。目前，此比例已达到了 2.5%，所涉及的部门包括国防部、能源部等 11 个部门。

此外，还有很多国家利用优惠政策或税收补贴减轻企业负担，提升企业自主创新能力。如韩国对生产环保类仪器的企业全部免税；瑞士对出口额占销售额 65% 以上的企业实行免税政策；加拿大采取企业研究与发展投资的税收返还政策，大大刺激了企业投资的积极性，使得企业研究与发展投资年增长率高达 18%；巴西对企业购置研究设备减免 50% 的工业产品税，并在减免所得税的基础上，对从事研究开发活动的企业再予减免 60% ~ 80% 的税收，以此激励企业创新。

2.2.4 鼓励大学、研究机构与产业界紧密合作

近年来，发达国家纷纷出台一系列政策法规，鼓励大学、研究机构

与产业界紧密结合形成产、学、研、用的联合。

加拿大联邦政府与各个省政府及有关大学、研究机构合作，建立类似国内重大科学工程项目的大型科研基础设施。首先，加拿大政府建立和利用国家杰出中心网络（NCE），把大学、企业及其研究机构广泛联系起来。通过 NCE，大学教师能方便和迅速地找到应用的企业，而企业也能迅速地找到有关的大学教师解决技术问题和开展委托或合作研究，有利于解决技术问题和开展合作研究，极大促进了大学与工业界的合作交流。此外，联邦政府还和各个省政府一起支持大学研究园区和孵化器的建设和发展。目前加拿大已经建立了 10 个大学和学院研究园区和 13 个大学和学院研究孵化器，这些研究园区建在大学附近，园区内不仅有许多高科技小企业，而且很多大企业（包括跨国公司）在此设立研究开发机构和办公室。通过一系列的优惠政策和法律措施，使大学的研究以高新技术产品为导向，促进大学研究成果转化为企业的生产力，使得这些研究园区成为大学与工业界合作之地。

美国政府对仪器产业大多实行间接的行业政策，鼓励大学与行业合作，大力鼓励各大仪器公司加大 R&D 经费投入。美国联邦政府重点支持基础研究、国防、航空航天等技术的开发，主要采取由联邦政府确定发展高技术的具体目标与研究计划，由政府、产业界、大学与科研机构联合进行攻关开发；再有就是根据其所要开发研究的内容，采用不同的研发体制。如尖端军事技术，则采取以政府主管部门即国防部为主导，以"产学军复合体"的"官民合作体制"进行研究开发。

2.2.5 更加重视应用研究与开发

除了重视对仪器设备本身的研发投入，仪器产业领域的跨国公司大多比较注重仪器设备应用方法的开发。

美国安捷伦科技公司经常举办相关领域应用技术研讨会。日本的岛津制作所专门成立了全球应用开发支持中心，该中心涵括以下三个方面的功能：（1）经营资源的扩充，包括分析应用方法的及时开发；（2）稳步对应市场需求，比如各产业领域对于产品安全等全球法规的对应；（3）提供高水平的技术支持，比如与最高水平技术人员的合作，与客户一起利用合作实验室。而德国方面，据统计，目前德国企业51%经费投入应用研究，44%投入开发，只有5%经费投入基础研究。随着研发重点从国有研究机构向企业转移，也将使德国国家的研发重点逐渐从基础研究向应用研究和开发转移。据业内专业人士介绍，如果应用技术不能持续跟进，仪器很难大量而持续地销售。

2.3 在提高效率和市场拓展方面寻求平衡

从政府作用的角度来看，一方面，政府要大力支持本国科学仪器设备产业创新；另一方面，提高仪器设备使用效率，倡导科学仪器设备的共享使用，也是政府应尽的职责。长期以来，发达国家政府一直在这两方面寻求最佳平衡，以保证本国仪器设备产业的健康发展和全社会科技水平的提高。

2.3.1 通过政府采购等措施，加大国内市场需求

政府作为一国之内最大的单一消费者，购买力非常大，对仪器设备生产企业有着其他采购主体所不可替代的影响，因此政府采购已成为各国政府经常采用的一种影响手段。

美国是WTO《政府采购协议》的签约国，在政府采购中高度重视保护本国工业（包括科研仪器设备）。在支持高科技产业方面，通过政府采

购扶植了 IBM、惠普、德克萨斯仪器公司等一批国家 IT 业巨头；在支持本国产业方面，规定国际采购必须至少购买 50% 的国内原材料、仪器设备和产品，《联邦采购法》要求保证项目承担方占有的政府资产（包括科研仪器设备）能够最大程度地在联邦部门内部再利用；在支持中小企业方面，规定在政府采购项目报价中，本国中小型企业供应商可以享受到比外国供应商高出 12% 的报价优惠。

韩国政府为使高新技术产品得到社会的广泛认同，推动高新技术产品进入市场，对高新技术产品实施政府采购制度。法律规定，科技部长及有关部门首长，为扩大新技术设施销售，可采取要求国家机关及地方政府、政府投资机构、接受政府出资和补助等财政支援的机构、其他公共团体等优先采购高新技术设施的措施。对中小企业开发的新技术新设备，政府大力支持相关机构优先采购，并出资支持中试和产业化。对国有企业，政府也要求企业优先采购国产装备和产品。

2.3.2 制定科学仪器设备共享法规，提高科学仪器设备使用效率

为了提高科学仪器设备的使用效率，促进大型科研仪器设备的共享，各国政府纷纷制定相关的政策法规，提倡"国家科技资源面前人人平等"的理念。

美国管理与预算局《A－110 通告》不但规定了设备的共享，还规定了"谁出资谁先受益"的共享原则。在美国，科研人员可以直接申请大型科研仪器基金，经过培训获得操作资格后可在该基金的支持下免费使用仪器设备。美国的大学经常保持与一些大公司和国立科研院所的合作关系，做到各种大型仪器的使用互通有无，有效地节省了一些仪器经费的使用投入，还增进了与各个部门的科研合作关系，促进了科学研究与产业化进程。

日本十分重视提高科学仪器的使用效率，对由政府投入的试验仪器设备制定了相应的使用条例，规定这些仪器设备必须接受企业和社会的试验委托，并向相关单位开放。日本在 1995 年制定的《科技基本法》中规定：要改变大学以往各院系分别使用科学仪器的状况，要推进设施的跨院系使用。日本政府对重大科学仪器的信息共享的高度重视也体现在政府对高速网络建设方面的不遗余力：2005 年后每年超 100 亿日元，2007 年达 177 亿日元。日本政府 2002 年启动高速连接日本国内大学和研究机构的新网格计划"超级 SINET"，2003 年启动国家研究网格计划"NAREGI"，对进一步提高重大科学装置的共用共享和使用效能发挥了重要作用。在此基础上，作为国家基干技术之一，日本自 2006 年起开始研制下一代超级计算机，其目标是世界最先进、最高效能的通用超级计算机，其最大运算速度将达到每秒 1 万万亿次，该计划将于 2012 年完成，以夺回由美国超级计算机占据的世界运算速度最快的位置，同时带动相关技术与产业的发展，保持世界领先水平。德国国家重大科研仪器设施原则上向所有科研机构及科学家开放。无论是德国的，还是外国的，无论是科研机构的，还是大学的科研人员，都可以申请使用国家重大科研仪器设施。韩国则主要通过立法来保障科研仪器设施向社会开放共享。法规包括：《协同研究开发促进》《科学技术革新特别法》《技术开发促进法》《基础科学振兴研究振兴法》《获得科学器材及共享的规定》等。其中《协同研究开发促进法》第 8 条规定：从国家、地方政府或政府投资机构得到所需运营经费的大学或研究所在对该机构业务没有影响，收取费用的情况下，该机构拥有的研究开发设施和器材应允许其他单位使用。

2.4 重视科学仪器设备产业技术和管理人员队伍建设

科学仪器设备的正常运行离不开一支高水平的专业技术人员和管理人员队伍，为此许多国家采取切实措施积极培养和激励了一批科学仪器设备的专业技术人才，保证了仪器设备的正常运行和高效使用。

2.4.1 定期安排培训

英国中央实验室研究理事会（CCLRC）在为政府及工业界提供先进的科学设备并控制国家级研究设备运行的过程中，为其所有的科学仪器设施技术管理人员定期安排培训。

2.4.2 制定科学的考核标准

韩国仪器设施技术管理人员在培养、待遇方面与科研人员等同。在韩国各研究机关和大学由专家或对技术精通的人来管理仪器设施。有关仪器设施技术管理人员的培养、待遇均由大学或研究机构自行决定。大学或研究机构为提高仪器设施技术管理人员的业务水平而派出的培训人员费用由派出单位承担，个人参加的培训，其费用自理。

印度政府认为仪器设备管理人员的主要职责是管理和维护仪器，而不是研究，对其评价不宜沿用论文发表等标准。为此，国家通过采取工资政策、支撑渠道等手段平衡他们与科研人员的差异，鼓励他们从事仪器设备管理工作。

2.4.3 分类制定薪酬标准

在日本，实验室管理工作的优劣直接与职员的年终奖励（日本的年终奖励额度一般是 2~6 个月月薪）挂钩，如果工作中出现严重事故，职员的收入要下降很多，甚至丢掉饭碗；每个月都要对出现的事故进行宣讲，告诫大家工作要认真，注意安全和维护好仪器设备。

英国科学与技术设施理事会根据员工的职位和业务能力将其分为八个等级，分别制定不同的薪酬标准，参与设计和项目工作的人员每年还可以享受到相应的津贴。

2.5 积极开展国际合作交流

发达国家非常重视在研制和利用大型科研仪器设备方面积极参与国际合作。欧盟于 2007 年正式启动的第七研发框架计划（FP7 2007～2013 年），总预算为 50521 亿欧元。FP7 的四个专项计划中预算为 324.13 亿欧元的合作计划就是支持在合作项目和研究计划协调网络的形式下通过跨国合作开展的各种研究活动。欧洲南方天文台（ESO），由比利时、丹麦、法国、德国、意大利、荷兰、葡萄牙、瑞典和瑞士等国家政府联合投资建立。其目的是在南半球建立天文台进行天文观测以加强欧洲各国家间的天文研究合作，为天文学界提供世界范围内有竞争力的探测宇宙历史的地面观测能力。为此，需要不断发展建造运转望远镜，拥有配备全面的设备组以及观测条件优越的天文台址。ESO1999 年的年度预算约为 9.28 亿欧元，主要来源于德国（26.75%）、法国（26.23%）和意大利（22.41%）；又如虚拟天文台的建立以及 ALMA 项目的开展。ALMA 项目作为未来十年最大的地面天文项目之一，由欧洲和北美 10 个研究团体组成，计划在智利某地研建毫米/亚毫米波段的综合孔径射电望远镜，以满足各自的天文学观测与研究需求。

3

我国科学仪器设备产业发展现状

3.1 科学仪器设备自主创新政策的发展历程

早在 20 世纪 90 年代中期,朱镕基、李岚清、吴邦国等国家领导就对卢嘉锡、王大珩等 20 位院士提出的《关于振兴我国仪器仪表工业的建议》作出过重要批示。2000 年,吴邦国、温家宝和李岚清等领导又对王大珩、杨嘉墀等 11 位院士关于《我国仪器仪表工业急需统一规划和归口管理的建议》作出重要批示,时任国务院副总理的温家宝同志指出:"仪器仪表工业很重要。"

我国政府历来重视科学仪器设备的发展,在历年的科技发展规划中,都将科学仪器作为其重要的组成部分,并制定了相应的科技计划,支持科学仪器的研发。在第一个《十二年科技规划》中,将"仪器,计量及国家标准"作为 13 项重大任务之一,并提出有步骤地建立仪器制造工业,在发展生产的推动下发展仪器的科学研究。

在"两弹一星"期间,科学仪器得到重要发展。通过自力更生攻破了一大批关键技术,制造了光学测量仪器、质谱仪等几十万台件的科学仪器、设备、仪表,为"两弹一星"作出杰出贡献。

《1978～1985 年全国科学技术发展规划纲要(草案)》指出:要大力加强科学仪器的研制,迅速扩大生产能力。要改选、扩建、新建一批仪器工厂和研究机构,建立大型精密仪器研制、生产基地。

《中华人民共和国科学技术发展十年规划(1991～2000)和"八五"计划纲要》中提出:要十分重视量大面广仪器的开发,提高仪器国产化水平。

《全国科技发展"九五"计划和到 2010 年长期规划纲要》中提出:

要提高科研仪器装备的现代化水平。

在《"十五"科技教育发展专项规划（科技发展规划）》中强调：要加强科研基地和基础条件建设。提高科研仪器的国产化水平，促进科研仪器产业的发展。

在"十一五"时期，强调科学仪器的自主研发。《国家中长期科学和技术发展规划纲要（2006～2020年)》以下简称《规划纲要》明确指出："重视科学仪器与设备对科学研究的作用，加强科学仪器设备及检测技术的自主研究开发。"《规划纲要》将仪器仪表列入重点领域的优先主题予以支持，并要求"攻克一批事关国家战略利益的关键技术，研制一批具有自主知识产权的重大装备和关键产品"。《规划纲要》在环境、能源、水和矿产资源、制造业、人口与健康以及公共安全等重要领域中近30处提出要加强监测技术、测试技术，勘探测试技术等研究工作。这些都对加强科学仪器提出了更高的要求。

在政策层面，《实施〈国家中长期科学和技术发展规划纲要（2006～2020年)〉的若干配套政策》明确提出了支持自主创新的财税、金融、政府采购等政策，为科学仪器的自主创新提供了重要政策保障。

在国家发展规划的指引下，科技部大力支持科学仪器设备事业发展，自"九五"以来，连续发布了四个有关科研条件和科学仪器发展的五年规划。

1997年5月，国家科委印发了《科研条件发展"九五"计划和2010年远景目标纲要的通知》（国科发财字［1997］226号）。文件强调：科学仪器研发要建立产学研紧密结合、生产与使用有机联系的创新发展机制，要加速我国科研条件的产业化；要整体水平提高和重点领域突破相结合。重点任务是：有限目标，集中力量，发展量大面广的品种。

2001 年 8 月，科学技术部印发《科研条件建设"十五"发展纲要的通知》（国科发财字〔2001〕298 号）。文件指出，科研条件的发展目标是，增强科研条件的自主研发能力，利用高新技术提升科学仪器产业技术水平，培育若干个科学仪器研究开发和产业化示范基地；通过对项目的连续支持，形成一支稳定的科研条件技术队伍。重点任务是：抓好科学仪器的改造升级和功能开发。

2006 年 12 月，科学技术部印发《"十一五"科学仪器设备发展规划等四个规划文件的通知》（国科发财字〔2006〕553 号）。文件强调，要加强科学仪器的自主研发，重视自主知识产权和标准的创造，坚持项目、基地、人才建设相结合，带动产生一批仪器设备研发基地和具有核心技术的企业；加大政府采购的执行力度，大幅度提升国产仪器设备的市场占有率；建立仪器设备发展统筹协调机制，统筹协调有关部门、地方以及有关科研单位、企业的仪器设备有关工作。重点任务是：着力攻克一批核心技术和关键部件；自主研发一批重要科学仪器设备。

2012 年 2 月，科学技术部印发《科研条件发展十二五专项规划的通知》（国科发计〔2012〕89 号）。文件指出，要以新原理、新方法为突破口，研发若干前沿重大科研仪器设备。加强科学仪器设备工程化和产业化技术研究，强化具有自主知识产权科学仪器设备的应用示范，推进科学仪器设备研发和产业化基地建设，支持一批科学仪器设备创新型企业发展。

3.2 政府资助科学仪器设备自主创新的方式与重点

"九五"以来，科学仪器设备自主研发得到了国务院有关部门的大力支持。国家自然科学基金将科学仪器基础研究纳入其资助范围，设立了科学仪器基础研究专款;国家科技支撑计划和"863"计划对科学仪器设备的自主研究与开发进行了支持;仪器成果转化及产业化被纳入了火炬计划、成果推广计划等科技计划,并以科技贷款支持为主。2005 年国家发展改革委员会在《当前优先发展的高技术产业化重点领域》中列出并组织实施了"科学仪器高技术产业化专项",在生化仪器、光谱分析、探测仪器和色谱分析仪器等方面,支持具有自主知识产权的先进技术和产品的产业化;科学仪器设备的升级改造由科学仪器设备改造升级技术开发专项给予支持;中国科学院在知识创新工程中设立了"科学仪器创新研究专项"对科学仪器自主研发给予大力支持(表3.1)。

表 3.1 国家各部门对科学仪器研发的资助格局

资助计划	资助内容	相应的资助计划	归口管理部门
科学仪器基础研究	创新性的新型仪器研究	科学仪器基础研究专款	国家自然科学基金委员会
科学仪器自主研究与开发	攻关性研究开发:选择具有近期市场需求和技术优势的仪器进行攻关,为产业化提供生产性样机	国家科技攻关计划	科学技术部
	基于新原理、新方法和新技术的重大科学仪器设备的开发; 已有重大科学仪器设备(装置)创新成果的工程化开发; 重要通用科学仪器设备(含核心基础器件)的开发; 其他重要科学仪器设备的开发	国家重大科学仪器设备开发专项资金	财政部 科学技术部
仪器成果转化及产业化	量大面广仪器的产业化、在用仪器的技术升级改造、先进工艺技术推广	火炬计划、成果推广计划等	科学技术部
	重点支持一批国民经济发展需要的科学仪器产业化	科学仪器高技术产业化专项	国家发展改革委员会
科学仪器的升级和改造	挖掘现有科学仪器设备潜能,提高仪器的性能、功能	科学仪器设备改造升级专项 仪器设备研制和改造专项	科学技术部 中国科学院

2011 年，为贯彻落实《国家中长期科学和技术发展规划纲要 (2006～2020 年)》，中央财政设立国家重大科学仪器设备开发专项资金，支持重大科学仪器设备的开发，以提高我国科学仪器设备的自主创新能力和自我装备水平，支撑科技创新，服务经济建设和社会发展。

3.2.1　科学仪器设备基础研究

1998 年设立的科学仪器基础研究专款，用于资助基础科学的前沿研究所急需的重要科学仪器的创新性研究或改进，优先资助对推动基础研究有重要作用的科学仪器的研究以及创新性科学仪器研制当中的基础性科学问题的研究。

截止到 2009 年共资助 182 个项目，投入经费总额 1.95 亿元，平均每项资助强度为 106.88 万元。1998～2009 年，资助项目数从五项增加到 35 项，资助强度从每项 80 万元增加到 142 万元，科学仪器基础研究专款占国家自然科学基金资助项目批准经费的比例从 2001 年的 0.53% 增长到 2009 年的 0.71%，项目涉及色谱、光谱、电生化、电泳、荧光、质谱、衍射、核磁共振等仪器的研究与开发，还有一些新型分析仪器的理论研究和仪器开发。依托单位以高校为主，所占比例在 60%～80% 之间，其余是以中国科学院为主的研究机构（表3.2）。

表3.2　科学仪器基础研究专款资助项目情况

年份	受理申请（项）	资助项目数（项）	资助金额（万元）	平均每项资助强度（万元）	科学仪器基础研究专款占国家自然科学基金资助项目批准经费的比例（%）	依托单位 高等院校	依托单位 科研机构
1998	—	5	400	80			
1999	8	5	400	80			
2000	13	9	690	76.67			
2001	21	9	748	83.11	0.53	7	2

年份	受理申请（项）	资助项目数（项）	资助金额（万元）	平均每项资助强度（万元）	科学仪器基础研究专款占国家自然科学基金资助项目批准经费的比例（％）	依托单位	
						高等院校	科研机构
2002	28	10	800	80	0.37	6	4
2003	41	11	995	90.45	0.44	9	2
2004	—	11	990	90	0.37	8	3
2005	63	18	1500	83.33	0.41	14	4
2006	85	19	1930	101.57	0.43	10	4
2007	115	25	3000	120	0.60	18	7
2008	139	25	3000	120	0.48	20	5
2009	174	35	5000	142.85	0.71	24	11

资料来源：《国家自然科学基金委员会年度报告（1998～2009）》。

3.2.2 科学仪器设备研发和产业化项目资助

（1）中国科学院逐步加大对科学仪器自主研制项目的支持。

2000 年以来，中国科学院不断加大对科学仪器研制项目的投资力度，将原有的科学仪器研制改造项目进一步提升为科学仪器自主研制项目。截止到 2006 年年底，中科院科学仪器自主研制项目从最初的每年八项增长到每年 40 多项，累计总投入约 3.7 亿元，平均项目支持强度超过 200 万元，使中科院科研装备进入了快速稳定的发展时期，基本改变了知识创新工程实施前，科研装备陈旧落后的局面，一批重点建设的研究所缩小了与国际同类研究机构的装备水平的差距。

2006 年，中国科学院在财政部的支持下开展了重大科研装备自主创新试点工作，首批启动了六个试点项目，2007 年，中国科学院和财政部共同研究制定了《国家重大科研装备研制项目管理办法（试行）》。两个项目获得财政部的支持，作为试点项目进行推动，项目总经费约 2.25 亿元，实施周期为三年。

2008 年，为保证财政部支持的重大科研装备自主创新试点项目得到有效实施，中国科学院正式启动了深紫外全固态激光源前沿装备研制、复现高超声速飞行条件的脉冲风洞研制、综合极端条件实验系统、海底流动地震观测台阵、超导成像频谱仪、VLBI 数字机带转换器、同步辐射纳米成像设备、中能重离子微束辐照装置八个具有自主创新特点的科研装备项目。

2008 年，中国科学院组织策划了"大型高精度衍射光栅刻划系统"和"高能效低成本多尺度离散模拟超级计算机应用系统"两个具有明显自主创新特点、意义重大的科研装备研制项目，并积极探索跨所、跨学科科研装备项目的组织模式，制定了项目组织实施方案。两个项目共获财政部经费约 2.4 亿元。

2008 年，中国科学院共批准科研装备科研项目 46 项，总经费 13313 万元，院支持 8394 万元。仪器设备类型包括材料制备、加工、性能分析、理化测试与分析设备，各种光学检测及测试设备，空间、天文、海洋观测设备等。

（2）科学技术部重点支持科学仪器设备的攻关研究、前瞻性研究、标准研究和成果产业化。

① "九五"时期，科技攻关计划支持具有近期市场需求和技术优势的仪器的攻关，为产业化提供样机；"十五"时期，在"863"计划中安排了科学仪器设备前沿性和前瞻性关键技术研发；"十五"与"九五"相比，增加了对产业化项目的支持力度；"十一五"时期，着力科学仪器的原始创新和分析仪器的产业化。

"九五"时期，科技计划用于支持各类科学仪器设备研发的经费为

3.42亿元，其中，科技攻关计划支持的仪器设备攻关经费占55.46%，支持产业化项目的经费占34.55%，支持标准研究的经费占9.99%（表3.3、图3.1）。

"十五"时期，国家科技计划支持科学仪器设备研发项目的数量大幅增长，在科技攻关计划中设立"科学仪器研制与开发"专项；还在"863"计划中增加了对科学仪器设备前瞻性问题的研究。"十五"时期，科技计划支持科学仪器设备研发的经费为9.99亿元，其中，科技攻关计划占32.09%，"863"计划占32.04%，支持标准研究的经费占8.62%，支持产业化的项目经费占27.25%，总额为2.72亿元，比"九五"时期的1.18亿元，增长了130%（表3.3、图3.2）。

"十一五"期间，国家科技支撑计划中设立"科学仪器设备研制与开发"重大项目，旨在支持"分析仪器关键部件的研制与开发""生命科学实验室仪器的研制与开发""监测检测专用仪器产业化应用示范"和"大型精密仪器设备的研制与开发"，着力科学仪器的原始创新和分析仪器的产业化。

"科学仪器设备研制与开发"项目下设24个课题，实施周期为三年，总经费3亿元，其中国拨经费1.65亿元（表3.3）。

表3.3　科技部各类科技计划安排科学仪器设备研究项目和国家财政拨款统计

		安排项目		国家财政拨款	
		数量 （项）	比例 （%）	数额 （亿元）	比例 （%）
"九五" 时期	科技攻关计划	434	64.11	1.89	55.46
	产业化计划	205	30.28	1.18	34.55
	技术开发研究专项、科技基础性工作专项、社会公益研究专项	38	5.61	0.34	9.99
	合计	677	100	3.42	100

		安排项目		国家财政拨款	
		数量（项）	比例（%）	数额（亿元）	比例（%）
"十五"时期	科技攻关计划	254	19.63	3.21	32.09
	"863"计划	480	37.09	3.20	32.04
	产业化计划	479	37.02	2.72	27.25
	技术开发研究专项、科技基础性工作专项、社会公益研究专项	81	6.26	0.86	8.62
	合计	1294	100	9.99	100
"十一五"时期	科技支撑计划项目《科学仪器设备研制与开发》	24	—	1.65	100

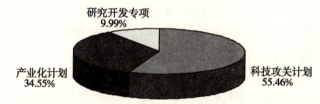

图3.1　"九五"时期各类科技计划安排科学仪器设备研发项目经费统计

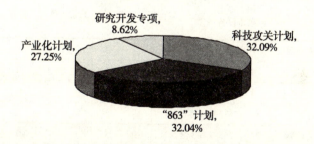

图3.2　"十五"时期各类科技计划安排科学仪器设备研发项目经费统计

②科技计划支持的重点一是工农业生产和社会可持续发展所需专用仪器设备研发，二是开发仪器功能的分析测试新技术、新方法的研究；对量大面广仪器的研发支持较少，对高档分析仪器的研发支持更少。

"九五"和"十五"时期，科技攻关计划及"十五"时期"863"计划国家共拨款271.03亿元，其中用于各类科学仪器设备研发的经费为8.31亿元，约占国家拨款的3.07%。在科学仪器设备研发经费中，用于工农业生产和社会可持续发展的专用仪器设备研发的经费占62.8%，用于开发仪器设备功能的分析测试新技术、新方法研究的经费占23.58%，用于支持量大面广的分析仪器，如光谱、电化学、色谱、电镜、荧光等的研发经费占10.38%，用于支持大型精密分析仪器，如质谱、核磁技术的研发经费占3.25%。在工农业生产和社会可持续发展所需的专用仪器设备研发经费中，投入的重点是设备研发，占总数的87.68%，对于科学仪器研发支持较少。从国家科技计划支持科学仪器设备研发项目领域分布看，资助的重点也是专用设备、专用仪器的研发，其次是分析测试技术研发，资助高档科学仪器研发的项目较少（表3.4）

表3.4　国家科技计划支持科学仪器设备研发项目数分领域统计

(单位：项)

		专用仪器	专用设备	分析测试技术	质谱	光谱	电化学	核磁	色谱	电镜	荧光	衍射
"九五时期"	攻关计划	32	260	100	0	14	4	3	7	1	13	0
	产业化计划	4	145	28	1	1	1	1	1	0	23	0
	研究开发专项	4	27	6	0	0	0	0	0	0	1	0
	合计	40	432	134	1	15	5	4	8	1	37	0
"十五时期"	攻关计划	22	155	43	2	10	3	4	7	0	7	1
	"863"计划	28	208	167	2	48	8	0	0	0	18	0
	产业化计划	15	299	117	1	11	1	2	6	0	25	2
	研究开发专项	6	54	15	0	0	1	1	2	0	2	0
	合计	71	716	342	5	69	13	7	15	0	52	3

"十一五"期间，国家科技支撑计划中设立"科学仪器设备研制与开发"重大项目，支持最多的是监测检测专用仪器研发，共10项，占课题总数的41.67%，其次是光谱仪器关键部件、色谱仪器关键部件和生命科学仪器的研发，均为三项，均占课题总数的12.50%。支持了高端科学仪器二次离子质谱仪核心技术及关键部件的研究与开发、高准确度原子光学频率标准仪的研制与开发、300~500MHz核磁共振波普仪的研制、核磁共振找水仪的研制与开发、场发射枪透射电子显微镜等项目的研制。"以量子物理为基础的现代计量基础研究"，也列入国家科技支撑计划（表3.5）。

表3.5 "十一五"时期国家科技支撑计划"科学仪器设备研制与开发"专项

仪器类型	项目		经费	
	数量 （项）	占比重 （%）	数额 （万元）	占比重 （%）
光谱仪器关键部件	3	12.50	1985	12.25
色谱仪器关键部件	3	12.50	940	5.80
生命科学仪器	3	12.50	1575	9.72
监测检测专用仪器	10	41.67	2380	14.68
二次离子质谱仪核心技术及关键部件	1	4.17	2040	12.58
核磁共振波普仪	1	4.17	2110	13.02
核磁共振找水仪器	1	4.17	970	5.98
电子显微镜	1	4.17	2210	13.63
高准确度原子光学频率标准仪	1	4.17	2000	12.34
合计	24	100	16210	100

监测检测专用仪器包括：能源、食品安全、出入境检测等领域所需的科学仪器，便携式现场快速检测仪器，水质在线连续检测仪，药物溶

出度仪器，环境在线检测仪器系统，小型台式及车载应急检测气相质谱联用仪、现场检测小型原子吸收光谱仪器等。

光谱仪器主要研发常用关键部件，包括：各种高稳定光源，高性价比分光器件（光栅）、高分辨接受部件（COD 分光器件）和高灵敏 CMOS 检测器等，目的是有效地增强国产分析测试仪器的稳定性和可靠性。

色谱仪器研制开发用于国产色谱仪器的常用关键部件，包括各种阀、泵，高性能色谱分离材料和色谱柱，以有效带动和引领分析仪器行业的发展。

③"九五""十五"时期，科学仪器设备研发项目主要由研究机构和大学承担，企业承担的比例较低，产学研合作研发项目占比例更低，且呈下降趋势。

"九五"和"十五"时期，科技攻关计划、"863"计划共安排科学仪器设备研发课题 1251 项，其中，研究机构、大学、企业承担的课题分别占总数的 47.40%、27.98% 和 19.82%。科技攻关计划的产学研合作课题所占比例由"九五"时期的 10.89% 下降到"十五"时期的 2.96%；"863"计划的产学研合作课题仅占总数的 0.38%。"九五"和"十五"时期，共安排科学仪器设备产业化课题 707 项，其中，企业承担的占 84.72%，转制科研机构承担的占 13.30%，产学研合作课题仅占 0.42%（表 3.6、图 3.3）。

"十一五"时期，科技支撑计划设立的"科学仪器设备研制与开发"项目下设立的 24 个课题，绝大部分为产学研合作完成，产学研合作课题占 79.17%（表 3.6）。

表 3.6　科学技术部归口管理的科技计划安排的科学仪器研发项目机构分布

		大学		研究机构		企业		合作研究	
		项目 (个)	比例 (%)	项目 (个)	比例 (%)	项目 (个)	比例 (%)	项目 (个)	比例 (%)
"九五" 时期	科技攻关计划	103	22.44	240	52.29	66	14.38	50	10.89
	产业化计划	2	0.96	24	11.48	181	86.60	2	0.96
	科研院所专项*	0	0	41	100	0	0	0	0
"十五" 时期	科技攻关计划	47	17.41	136	50.37	79	29.26	8	2.96
	"863"计划	200	38.31	217	41.57	103	19.73	2	0.38
	产业化计划	9	1.81	70	14.06	418	83.94	1	0.20
	科研院所专项*	1	1.14	86	97.72	0	0	1	1.14
"十一五" 时期	科技支撑计划 《科学仪器设 备研制与开发》	2	8.33	1	4.17	2	8.33	19	79.17

*科研院所专项：包括技术开发研究专项、科技基础性工作专项、社会公益研究专项。

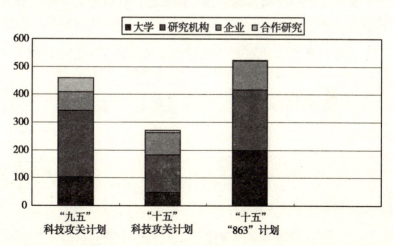

图 3.3　科技计划支持的科学仪器设备研发项目按机构分布

3.2.3 研发成果及产业化现状

（1）发明专利数量少，且集中在光谱、色谱和专用监测检测仪器等领域。

"九五""十五"和"十一五"时期，国家科技支撑计划资助的69项、87项和77项科学仪器研发课题，分别获得授权发明专利34件、45件和20件，正在申请的发明专利分别为9件、32件和38件；获得发明专利授权的课题分别占课题总数的23.19%、29.89%和12.99%，申请发明专利的课题数分别占课题总数的10%、19%和29%。

从"九五"到"十一五"期间，科技支撑计划资助的科学仪器研发，涉及色谱仪器、光谱仪器、核磁共振仪器、环境污染和食品安全检测仪器、X射线衍射仪器、显微镜、电化学仪器、生命科学仪器、生化仪器、质谱联用、工业专用分析仪器、样品自动化前处理仪器设备等科学仪器及其零部件的研发。获得发明专利位于前三位的是光谱仪器、色谱仪器、环境污染和工业生产专用监测检测专用仪器，分别为12件、7件和15件，合计占发明专利授权总数的68%。

（2）半数科技支撑计划资助的研究成果实现了批量生产或小批量生产。

国家科技支撑计划以重大公益技术及产业共性技术研究开发与应用示范为重点，结合重大工程建设和重大装备开发，加强集成创新和引进消化吸收再创新，重点解决涉及全局性、跨行业、跨地区的重大技术问题，着力攻克一批关键技术，突破瓶颈制约，提升产业竞争力，为我国经济社会协调发展提供支撑。

"九五"以来，国家科技支撑计划支持的科学仪器设备研发项目部分实现了商品化。"九五""十五"和"十一五"时期，国家科技支撑计划资助的科学仪器设备研发课题中分别有 47.83%、60.92% 和 49.35% 的课题研发成果实现了商品化；分别有 21.74%、29.89% 和 36.36% 的研发成果为实验室样机。实现商品化的课题共计 124 个，其中，最多的是监测检测专用仪器，主要包括：环境保护、食品安全、进出口检疫、毒物和爆炸物、药物、工业生产用分析仪器等；其次是色谱仪以及分离材料和色谱柱的研发，第三是光谱仪器的研发，第四是科学仪器制成装置和系统的研制，第五是电化学仪器研制与改进，第六是样品前处理装置，分别占商品化课题总数的 31.45%、25.81%、10.48%、7.26%、5.65% 和 5.65%。

实现商业化的科学仪器主要应用在环境保护、食品安全监测、药品以及生化样品的检测，石油化工系统生产过程检测、生命科学、卫生防疫、水文地质、司法、农业、临床医学、冶金、建材、化工等原材料产品的成分分析等领域。

实现商业化的主要是中档科学仪器设备，而高档科学仪器，如高档质谱联用仪、核磁波谱仪、电子显微镜、高档激光干涉仪和核酸测序仪等则依赖进口。科学实验、司法鉴定、食品安全检测等对仪器设备的性能要求高，而且其结果需要与国际标准和要求接轨，国产的科学仪器技术性能难以满足需求，因此，在这些领域所使用的科学仪器设备绝大部分依赖进口。这就使得我国高校、研究机构、国家重点实验室、国家级和省级分析测试中心装备的科学仪器设备绝大部分是进口产品；在钢铁、石油、电力等工作环境恶劣的大中型企业中，装备的科学仪器绝大部分也是进口产品；只有中小企业以及县以下的分析测试机构，才使用国产科学仪器设备。

高档仪器市场被跨国公司垄断，不仅制约了我国高档科学仪器的发展，而且还使我国相关方面的科研工作落后国外一段时间，减少了在前沿研究中首先取得重大突破的机会。更加重要的是涉及国家安全的核心技术，是被明确禁止出口的。在购买国外科学仪器设备和试剂时，有可能暴露我国科研内容和科研布局，有时这些内容会涉及国家安全。

3.3 科学仪器设备产业发展现状

由于没有单独的科学仪器设备产业统计数据，只有仪器仪表行业的统计数据，因此，本项研究采用中国仪器仪表行业协会的"仪器仪表行业主要经济指标"及指标中与科学仪器设备相关的统计数据来描述科学仪器设备产业发展的现状和发展趋势。

本项研究选用实验分析仪器制造业、试验机制造业、环境专用仪器仪表制造业、导航和气象及海洋专用仪器制造业、农林牧渔专用仪器仪表制造业、地质勘探和地震专用仪器制造业、教学专用仪器制造业、核子及核辐射测量仪器制造业、电子测量仪器制造业、绘图和计算及测量仪器制造业、光学仪器制造业和医疗诊断和监护及治疗设备制造业代表科学仪器设备产业。使用上述制造业 2005～2009 年的主要经济指标来描述科学仪器设备产业的发展现状。

3.3.1 仪器仪表行业企业发展概况

（1）企业数量持续增长：按规模划分，小型企业占绝大多数，按经济类型划分，民营企业占多半数。

2005～2009 年，仪器仪表行业企业数从 3391 家增长到 5154 家，年均增长率为 11.03%。按规模划分，小型企业占绝大多数，占比重一直在 90% 左右，数量从 3089 家增长到 4683 家，中型企业占比重在 8.43%～9.65%，数量从 286 家增长到 445 家，大型企业占比重在 0.47%～

0.60%，数量从16家增长到26家（表3.8、图3.4）。按经济类型划分，民营企业占大多数，其次是三资企业，国有企业占比重最低，而且数量呈现下降趋势，原因是2005年以后，国有企业加大了联合、重组、兼并的力度，因此数量有所减少。2005～2009年，民营企业占比重从58.51%增长到69.93%，数量从1984家增长到3604家，三资企业占比重从25.24%下降到20.22%，数量从856家增长到1042家，三资企业数量增速明显变缓，原因是三资企业调整了在华策略，新增投资由独资建厂向改造充实原有基地提高档次和技术深度转变，以应对竞争，保持利润。国有及国有控股企业占比重从16.25%下降到7.04%，数量从551家减少到363家（表3.8、图3.5）。

（2）产品销售收入持续增长：按规模划分，中小型企业是销售主力军；按经济类型划分，民营和三资企业是销售主力军。

2005～2009年，仪器仪表行业的销售额按现价计算，从1725.94亿元增长到3945.16亿元，年均增长率为22.96%。

按企业规模划分，中小型企业是产品销售的主力军，但其销售额占比重呈下降趋势，大型企业的销售额占比重呈现上升趋势。2005～2009年，中小型企业的销售额占比重从89%下降到84.16%，大型企业的销售额占比重从10.86%上升到15.84%。按经济类型划分，民营企业的销售额占比重最大，其次是三资企业，第三是的国有及国有控股企业。2005～2009年，民营企业销售额占比重从38.80%上升到52.71%，三资企业销售额占比重从44.88%下降到32.56%，国有及国有控股企业销售额比重呈现下降趋势，从16.32%下降到12.57%（表3.9）。

数据分析显示，民营企业显示出相当的活力，三资企业仍保持优势地位，但前几年高速扩张，独占性利润激增的状态已经明显下降，国有企业的销售额增幅低于民营及三资企业。

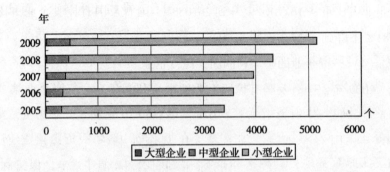

图 3.4　仪器仪表行业企业规模统计

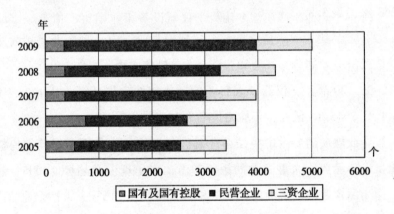

图 3.5　仪器仪表企业按经济类型统计

（3）出口额快速增长，三资企业是出口大户。

2005～2008年，仪器仪表行业的出口交货值按现价计算，从474.55亿元增长到1119.94亿元，年均增长率为33.14%。受金融危机影响，2009年出口交货值比2008年下降了26.16%，在出口总额中，三资企业占比重最大，并具有绝对优势，其次是民营企业，其占比重呈现增长趋势，第三是国有及国有控股企业，占比重最低，并呈下降趋势。2005～

2009 年，在出口总额中，三资企业占比重从 77.49% 下降到 68.86%，民营企业占比重从 16.70% 上升到 26.05%，国有及国有控股企业占比重从 5.81% 下降到 3.27%（表 3.10）。

（4）三资企业的平均利润高于民营企业。

2009 年，国有及国有控股企业的平均利润最高、三资企业第二、民营企业最低；分别为 1027.24 万元、925.59 万元和 324.2 万元。2005 ~ 2009 年，国有企业、三资企业、民营企业利润年均增长率分别为 39.67%、5.37%、9.17%。国有企业利润增幅高源于产品结构调整。

3.3.2　科学仪器设备行业发展概况

（1）工农业生产所需专用科学仪器设备工业销售产值高、增长速度快，尤其是环境监测专用仪器仪表制造业，工业销售产值及销售产值增长速度均排名靠前。

中国正处于经济发展的高速时期，电力、冶金、石油化工、轻工、建材、食品安全、环境保护等领域项目众多，2008 年，政府又出台了促进经济发展的四万亿投资计划，2009 年出台了十大产业振兴计划，这些使科学仪器产品的市场需求旺盛，科学仪器设备生产企业、工业销售产值快速增长。

2005 ~ 2008 年，科学仪器设备行业工业销售产值迅速增长，年均增长率 15.3% ~ 104.65%，年均增长率在 30% 以上的行业为农林牧渔专用仪器仪表制造业、环境监测专用仪器仪表制造业、地质勘探和地震专用仪器制造业、导航和气象及海洋专用仪器制造业、教学专用仪器制造业、电子测量仪器制造业，增长率依次为 104.65%、67.87%、62.02%、41.43%、38.39% 和 30.48%。2009 年受金融危机的影响，与 2008 年相比，光学仪器制造业、农林牧渔专用仪器仪表制造业的工业销售产值出现负增长，其余行业均为正增长，增长率最高的是核子及核辐射测量仪器制造业，增长率为91.69%（表3.11、图3.6）。

2009年，科学仪器设备工业销售产值排在前六位的行业依次是光学仪器制造业、医疗诊断和监护及治疗设备制造业、电子测量仪器制造业、实验分析仪器制造业、绘图和计算及测量仪器制造业、环境监测专用仪器仪表制造业，工业销售产值分别为494.98亿元、319.23亿元、129.49亿元、120.87亿元、91.83亿元和91.24亿元，工业销售产值最少的是农林牧渔专用仪器仪表制造业，为6.49亿元（表3.11）。

2005～2009年，科学仪器设备大行业企业数量年均增长率为11.14%～18.92%，增长率排在前六位的行业依次是农林牧渔专用仪器仪表制造业、环境监测专用仪器仪表制造业、地质勘探和地震专用仪器制造业、核子及核辐射测量仪器制造业、绘图和计算及测量仪器制造、电子测量仪器制造业，年均增长率分别为18.92%、18.38%、15.93%、15.38%、12.74%和11.14%（表3.7、图3.7）。

2009年，科学仪器设备大行业企业数量排在前六位的行业是光学仪器制造业、医疗诊断和监护及治疗设备制造业、实验分析仪器制造业、绘图和计算及测量仪器制造业、电子测量仪器制造业、环境专用仪器仪表制造业，这些行业企业数量分别为376家、302家、284家、223家、206家和108家。农林牧渔专用仪器仪表制造业企业数量最少，只有10家（表3.7）。

（2）科学仪器设备各行业企业的平均利润不高。

2009年受金融危机、原材料价格上涨、压价竞争等因素影响，大部分科学仪器设备行业企业的年均利润与2006年比有所下降，但是环境监测专用仪器制造业、地质勘探和地震专用仪器制造业、核子及核辐射测量仪器制造业、电子测量制造业除外，显示出市场对这些仪器的需求强劲。2009年，企业平均利润在500万元以上的行业依次为地质勘探和地震专用仪器制造业、医疗诊断和监护及治疗设备制造业、电子测量仪器制造业、导航和气象及海洋专用仪器制造业、光学仪器制造业，环境监测专用仪器仪表制造业企业的平均利润为494.7万元。对于科学仪器制造这样的高技术产业来讲，这样的利润水平并不算高（表3.12）。

（3）科学仪器设备大行业新产品产值占行业总产值的比重不高，并呈现下降趋势。

2009年科学仪器设备大行业新产品产值占全行业产值比重为1.4% ~ 23.88%，最高的是医疗诊断和监护及治疗设备制造业、其次是导航和气象及专用仪器制造业，第三是教学专用仪器制造业，第四是试验机制造业，第五是实验分析仪器制造业，新产品产值占全行业产值的比重分别为23.88%、17.18%、16.12%、12.14%、11.6%（表3.13）。

2009年科学仪器设备大行业新产品产值在0.1亿至78.09亿元，最高的是医疗诊断和监护及治疗设备制造业，其次是光学仪器制造业，第三是实验分析仪器制造业，第四是导航和气象及海洋专用仪器制造业，第五是电子测量仪器制造业，第六是环境监测专用仪器仪表制造业，产值分别为78.09亿元、58.14亿元、14.08亿元、13.43亿元、11.19亿元、10.28亿元。

2007 ~ 2009年，新产品产值占行业总产值的比重只有环境监测专用仪器仪表制造业略有增长，从8.90%上升到11.08%，光学仪器制造业基本持平，2009年新产品产值占全行业的比重为11.56%，其他行业均呈下降趋势，表明企业的技术创新能力不强，缺乏竞争后劲（表3.13、图3.8）。

（4）光学仪器制造业、电子测量仪器制造业、实验分析仪器制造业等行业出口产品占比重高。

2009年，科学仪器设备大行业出口交货值占行业工业销售总值的比重为 0.79% ~45.94%，占比重排在前四位的是光学仪器制造业、电子测量仪器制造业、医疗诊断和监护及治疗设备制造业、实验分析仪器制造业，出口交货值占行业总销售额比重分别为 45.94%、33.18%、31.28% 和 28.93%，交货值分别为 227.39 亿元、42.96 亿元、99.86 亿元和 34.97 亿元。占比重最低的核子及核辐射测量仪器制造业仅为 0.79%，交货值为 0.06 亿元（表 3.11）。

2005 ~2008 年，科学仪器设备的出口交货值呈增长趋势，增长率为 15.3% ~104.65%，增长率排在前三位的是农林牧渔专用仪器仪表制造业、环境监测专用仪器仪表制造业、地质勘探和地震专用仪器制造业。2009 年受金融危机影响，光学仪器制造业、农林牧渔专用仪器仪表制造业等出口交货值出现负增长，其余均为正增长（图 3.9）。

表 3.7 科学仪器大行业企业数量统计

（单位：个）

	2005 年	2006 年	2007 年	2008 年	2009 年	2005 ~2009 年年均增长率（%）
实验分析仪器制造业	202	219	238	250	284	8.89
试验机制造业	73	69	70	73	89	5.08
环境监测专用仪器仪表制造业	55	67	70	88	108	18.38
导航、气象及海洋专用仪器制造业	55	52	50	60	80	9.82
农林牧渔专用仪器仪表制造业	5	5	6	8	10	18.92
地质勘探和地震专用仪器制造业	31	38	43	51	56	15.93
教学专用仪器制造业	54	56	54	57	78	9.63
核子及核辐射测量仪器制造业	10	14	13	13	18	15.83
电子测量仪器制造业	135	136	155	166	206	11.14
绘图和计算及测量仪器制造业	138	153	174	184	223	12.74
光学仪器制造业	291	295	308	324	376	6.62
医疗诊断、监护及治疗设备制造业	202	193	211	239	302	10.58

资料来源：《仪器仪表大行业主要经济指标》《中国仪器仪表行业信息（2006 ~2010 年的第 1 期)》。

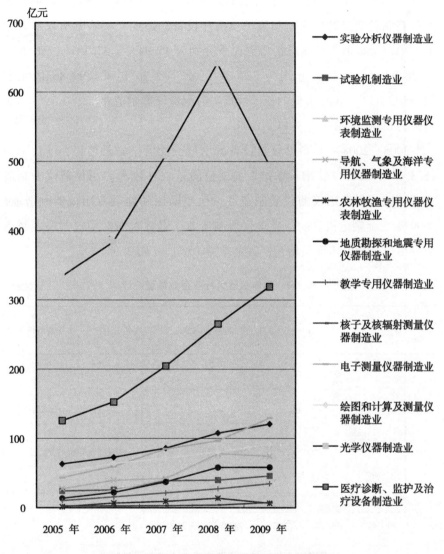

图 3.6　科学仪器设备大行业工业销售产值统计

图例：
- 实验分析仪器制造业
- 试验机制造业
- 环境监测专用仪器仪表制造业
- 导航、气象及海洋专用仪器制造业
- 农林牧渔专用仪器仪表制造业
- 地质勘探和地震专用仪器制造业
- 教学专用仪器制造业
- 核子及核辐射测量仪器制造业
- 电子测量仪器制造业
- 绘图和计算及测量仪器制造业
- 光学仪器制造业
- 医疗诊断、监护及治疗设备制造业

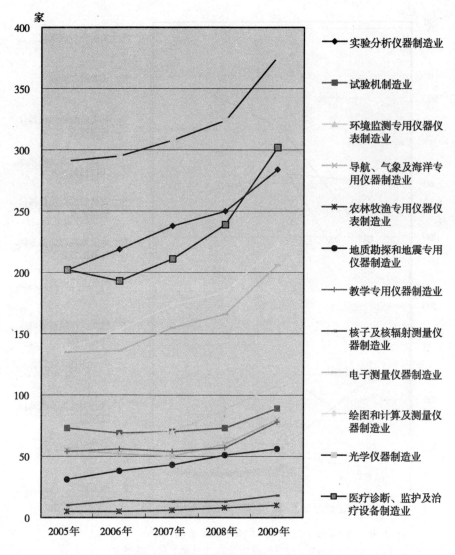

图 3.7　科学仪器设备大行业企业数量统计

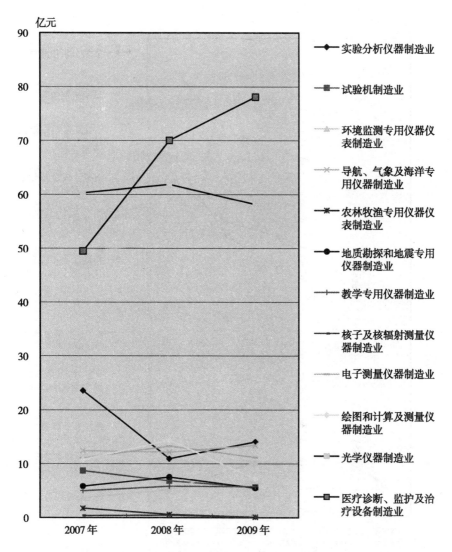

图3.8 科学仪器设备大行业新产品产值统计

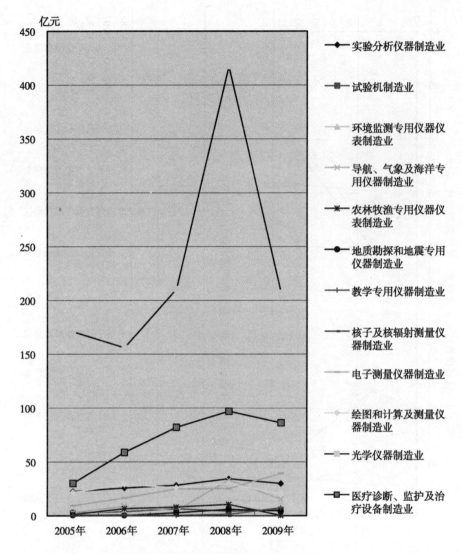

图 3.9 科学仪器设备大行业出口交货值统计

表 3.8 仪器仪表行业企业规模、经济类型统计

年份	企业总数（个）	按企业规模划分						不同经济类型企业占比重					
		大型		中型		小型		国有及国有控股		民营企业		三资企业	
		数量	比重（%）	数量	比重（%）	数量	比重（%）	数量	比重（%）	数量	比重（%）	数量	比重（%）
2005	3391	16	0.47	286	8.43	3089	91.09	551	16.25	1984	58.51	856	25.24
2006	3579	17	0.47	319	8.91	3243	90.61	748	20.90	1906	53.26	925	25.85
2007	3954	21	0.53	358	9.05	3575	90.41	370	9.36	2639	66.74	945	23.90
2008	4322	26	0.60	417	9.65	3879	89.75	366	8.47	2918	67.52	1038	24.02
2009	5154	26	0.50	445	8.63	4683	90.86	363	7.04	3604	69.93	1042	20.22

资料来源：《仪器仪表大行业主要经济指标》《中国仪器仪表行业信息（2006～2010 年的第 1 期）》。

表 3.9 仪器仪表行业工业销售产值统计（当年价）

年份	总额（亿元）	按企业规模划分						不同经济类型企业占比重					
		大型		中型		小型		国有及国有控股		民营企业		三资企业	
		金额	比重（%）	金额	比重（%）	金额	比重（%）	金额	比重（%）	金额	比重（%）	金额	比重（%）
2005	1725.94	187.48	10.86	653.95	37.89	884.51	51.25	281.64	16.32	669.63	38.80	774.68	44.88
2006	2206.55	278.45	12.62	795	36.03	1133.09	51.35	452.60	20.51	761.61	34.52	992.348	44.97
2007	3005.31	468.13	15.58	1030.36	34.28	1506.82	50.14	373.33	12.42	1345.16	44.76	1286.83	42.82
2008	3714.30	710.09	19.12	1168.16	31.45	1836.05	49.43	409.70	11.03	1752.19	47.17	1552.40	41.80
2009	3945.16	625.08	15.84	1350	34.22	1970.05	49.94	496.02	12.57	2079.50	52.71	1284.62	32.56

资料来源：《仪器仪表大行业主要经济指标》《中国仪器仪表行业信息（2006～2010 年的第 1 期）》。

表 3.10　仪器仪表行业出口交货值（当年价）

年份	总额（亿元）	按企业规模划分						不同经济类型企业占比重					
		大型		中型		小型		国有及国有控股		民营企业		三资企业	
		金额	比重（%）	金额	比重（%）	金额	比重（%）	金额	比重（%）	金额	比重（%）	金额	比重（%）
2005	474.55	91.89	19.36	216.20	45.56	166.46	35.08	27.59	5.81	79.23	16.70	367.73	77.49
2006	608.50	97.97	16.10	271.12	44.56	239.41	39.34	50.58	8.31	105.46	17.33	452.46	74.36
2007	874.14	194.47	22.25	400.83	45.85	278.84	31.90	39.02	4.46	219.35	25.09	615.77	70.44
2008	1119.94	435.90	38.92	382.06	34.11	301.98	26.96	48.59	4.34	237.66	21.22	833.70	74.44
2009	826.97	244.00	29.51	335.73	40.60	247.17	29.89	27.06	3.27	215.40	26.05	569.45	68.86

资料来源：《仪表仪表大行业主要经济指标》《中国仪器仪表行业信息（2006～2010 年的第 1 期）》。

表3.11 科学仪器设备大行业工业销售产值及出口交货值（亿元）

行业	2005年		2006年		2007年		2008年		2009年	
	工业销售产值（现价）	其中:出口交货值（%）	工业销售产值（现价）	其中:出口交货值（%）	工业销售产值（现价）	其中:出口交货值（%）	工业销售产值（现价）	其中:出口交货值（%）	工业销售产值（现价）	其中:出口交货值（%）
全国	1725.94	27.50	2206.55	27.58	3005.31	29.09	3714.29	30.15	3945.16	20.96
实验分析仪器制造业	63.37	35.66	72.94	35.27	86.16	32.84	107.89	31.79	120.87	28.93
试验机制造业	24.28	11.63	25.74	14.96	39.03	16.55	39.86	10.68	45.82	13.23
环境监测专用仪表制造业	15.84	11.12	24.77	21.27	41.03	21.26	74.93	19.31	91.24	15.98
导航、气象及海洋专用仪器制造业	27.61	11.12	39.64	21.97	42.21	11.02	78.11	42.47	74.55	23.26
农林牧渔专用仪器制造业	1.61	77.10	6.88	95.33	9.27	86.70	13.80	76.02	6.49	7.24
地质勘探和地震专用仪器制造业	13.66	4.50	22.09	1.79	37.23	7.51	58.10	10.13	58.25	8.10
教学专用仪器制造业	10.27	5.60	15.53	5.02	21.42	1.65	27.22	5.02	34.63	22.03
核子及核辐射测量仪器制造业	2.59	0.00	2.68	0.47	3.05	0.00	3.97	0.00	7.61	0.79
电子测量仪器制造业	43.53	21.17	59.73	27.47	85.14	29.26	96.70	26.04	129.49	33.18
绘图和计算及测量仪器制造业	51.22	42.35	64.07	45.37	71.64	36.31	80.80	37.06	91.83	21.95
光学仪器制造业	333.92	51.16	383.90	40.63	508.84	41.40	641.54	65.05	494.98	45.94
医疗诊断、监护及治疗设备制造业	125.72	23.88	152.82	38.51	204.72	40.11	265.39	36.54	319.23	31.28

资料来源：《仪器仪表大行业主要经济指标》《中国仪器仪表行业信息》（2006~2010年第1期）。

表 3.12 科学仪器设备大行业利润总额统计

行业	2005 年			2006 年			2009 年		
	企业数（个）	利润（千元）	平均每家企业利润（千元）	企业数（个）	利润（千元）	平均每家企业利润（千元）	企业数（个）	利润（千元）	平均每家企业利润（千元）
实验分析仪器制造业	202	541084	2678.63	219	813318	3713.78	280	819226	2925.81
试验机制造业	73	190669	2611.90	69	172820	2504.64	88	203637	2314.06
环境监测专用仪器仪表制造业	55	86574	1574.07	67	159345	2378.28	103	509545	4947.04
导航、气象及海洋专用仪器仪表制造业	55	146373	2661.33	52	297788	5726.69	79	405346	5130.96
农林牧渔专用仪器仪表制造业	5	2453	490.6	5	54255	10851	10	22607	2260.7
地质勘探和地震专用仪器制造业	31	84752	2733.94	38	236385	6220.66	55	626868	11397.6
教学专用仪器制造业	54	67609	1252.02	56	128293	2290.95	77	127337	1653.73
核子及核辐射测量仪器制造业	10	9832	983.2	14	21968	1569.14	19	36101	1900.05
电子测量仪器制造业	135	404285	2994.70	136	679415	4995.70	209	1118115	5349.83
绘图及计算及测量仪器制造业	138	306090	2218.04	153	386922	2528.90	224	347824	1552.79
光学仪器制造业	291	1379535	4740.67	295	1823346	6180.83	372	1888424	5076.41
医疗诊断、监护及治疗设备制造业	202	1066221	5278.32	193	1377329	7136.42	302	3128307	10358.63
按经济类型划分									
国有及国有控股	551	1487355	2699.37	748	3961515	5296.14	363	3728872	10272.37
民营企业	1984	5217517	2629.80	1906	5450387	2859.59	3569	11572197	3242.42
三资企业	856	5578267	6516.67	925	7828972	8463.75	1048	9700162	9255.88

资料来源：《仪器仪表大行业主要经济指标》，《中国仪器仪表行业信息（2006～2010 年的第 1 期）》。2009 年数据为 2009 年 1～11 月的累计。

表3.13 科学仪器设备大行业工业产值及新产品产值统计（现价）

行业	2005年 工业总产值（亿元）	2005年 其中:新产品产值（%）	2006年 工业总产值（亿元）	2006年 其中:新产品产值（%）	2007年 工业总产值（亿元）	2007年 其中:新产品产值（%）	2008年 工业总产值（亿元）	2008年 其中:新产品产值（%）	2009年 工业总产值（亿元）	2009年 其中:新产品产值（%）
实验分析仪器制造业	62.20	—	70.69	—	88.79	26.58	112.17	9.78	121.36	11.60
试验机制造业	27.18	—	30.38	—	39.15	22.30	40.89	16.75	46.44	12.14
环境监测专用仪器仪表制造业	17.05	—	26.40	—	41.45	8.90	77.34	6.68	92.67	11.08
导航、气象及海洋专用仪器仪表制造业	28.32	—	41.07	—	43.51	28.55	78.53	15.48	78.15	17.18
农林牧渔专用仪器仪表制造业	1.83	—	7.23	—	9.45	18.52	14.09	4.33	6.86	1.60
地质勘探和地震专用仪器制造业	13.48	—	25.49	—	35.77	16.33	58.25	12.98	57.60	9.55
教学专用仪器制造业	10.63	—	17.10	—	22.13	22.50	27.85	20.90	35.66	16.12
核子及核辐射测量仪器制造业	2.72	—	2.79	—	3.40	11.47	4.66	9.87	7.84	1.40
电子测量仪器制造业	43.37	—	58.12	—	85.19	13.03	98.85	13.43	135.54	8.26
绘图和计算及测量仪器制造业	51.1	—	68.55	—	73.07	14.77	85.38	16.83	98.03	7.37
光学仪器制造业	335.78	—	407.67	—	519.05	11.62	659.73	9.38	503.09	11.56
医疗诊断、监护及治疗设备制造业	127.50	—	161.75	—	208.83	23.70	273.76	25.58	327.01	23.88

资料来源：《仪器仪表大行业主要经济指标》《中国仪器仪表行业信息（2006～2010年第1期）》。

3.3.3 科学仪器设备产业的技术创新现状

本项分析采用的数据来源于 2009 年有关政府部门对 20 家典型科学仪器企业技术创新情况的调查。在被调查的 20 家企业中，国有企业三家，科研院所和高校创办企业六家，军转民企业一家，民营企业 10 家。这 20 家企业的研究开发能力在科学仪器设备产业中处于领先水平，因此，这些企业的技术创新情况基本反映了科学仪器设备产业技术创新的最高水平。

（1）企业基本情况。

①大多数企业成立时间不长，规模较小。

在被调查的 20 家科学仪器企业中，有 20% 成立于 20 世纪 50 年代末，30% 成立于 20 世纪 90 年代，45% 成立于 2000 年以后，即成立时间不足 20 年的企业占 75%，说明我国的科学仪器企业尚处于成长发展阶段。有些在我国设立公司的跨国公司具有几十年，甚至上百年的历史。美国安捷伦科技公司、赛默飞世尔科技有限公司分别具有 60 年、70 年的历史，日本岛津集团、德国耶拿公司具有上百年的历史，相比之下，我国的科学仪器企业尚属年轻。成立于 20 世纪 50 年代末的企业大多是国有企业，20 世纪 90 年代以后成立的企业大部分是民营企业、院所办企业。

在被调查的 20 家科学仪器企业中，拥有上千名员工的企业只有两家，占总数的 10%，拥有 100～500 名员工的企业有 11 家，占总数的 55%，拥有 100 名以内的企业四家，占 20%，即 500 名员工以下的企业占近 60%。跨国公司在中国成立的拥有研发、生产基地功能的公司，如赛默飞世尔科技（中国）有限公司、安捷伦科技（中国）有限公司、岛津国际贸易（上海）有限公司分别拥有 1000 名、1500 名、1200 名员工，与跨国公司相比，我国科学仪器企业规模较小。

在被调查的 20 家科学仪器企业中，注册资金最多的为 1.53 亿元，最低的为 500 万元，大部分在 1000 万元左右，说明这些企业资产规模较小。

②销售收入较低，但增长速度较快。

在被调查的 20 家科学仪器企业中，2008 年销售收入上亿元的企业有七家，占 35%，其中，最高销售额为 7 亿元，其余在 1~3.5 亿元之间；65% 的企业的销售额在 2000 万元至 7500 万元之间。2008 年，安捷伦科技（中国）有限公司的销售额近 20 亿美元，岛津国际贸易（上海）有限公司的销售额为 272.8 亿日元，约合人民币 39 亿元。与跨国巨头相比，我国科学仪器企业规模很小。2008 年，大部分被调查企业的销售额与上年比都有以两位数字的增速，最快的增长速度为 133.69%，其次为 100%。2008 年，德国耶拿分析仪器股份公司在中国的销售额比上年增长 81%。

（2）企业研究开发投入状况。

①研究开发经费投入强度高，但数额不大。

被调查的 20 家科学仪器企业的研发经费主要来源于自筹，还有一部分来源于国家科技计划和地方政府的科技项目拨款。2008 年研发经费投入强度在 10% 以上企业的有 11 家，占 55%，这些企业绝大部分是民营企业和院所高校创办的企业，研发投入强度最高的为 18.80%，其次为 15.87%，第三为 12.80%。研发经费投入强度在两位数以下的企业的投入强度在 5%~8% 之间。科学仪器产业是高技术产业，2008 年，德国耶拿公司研发经费投入强度在 15%~20%，岛津集团投入强度为 8%。安捷伦科技公司作为测量仪器的领导者，非常重视领先性、前沿性研究，安捷伦科技（中国）有限公司，每年的研发经费投入强度在 10%~15% 之间。与跨国公司相比，多半数被调查科学仪器企业的投入强度不低，其余略低，这说明我国科学仪器行业领先的企业非常重视技术创新。

与跨国公司相比，被调查的科学仪器企业的科研经费投入数额不高。2008 年研发经费投入在千万元以上的企业有六家，占 30%，其中最高额为 5692 万元，其余在 1000 万元至 2500 万元之间。研发经费投入在千万元以下的企业有 10 家，投入研发经费在 250 万元至 960 万元之间。2008 年，赛默飞世尔科技有限公司全球研发投入 2.5 亿美元，安捷伦科技（中国）有限公司研发经费投入数千万美元。像质谱仪这样的高技术密集型产业，研发经费常以数亿元计。可见，被调查企业的研发投入不足以支撑高档科学仪器的研发。被调查科学仪器企业研发经费投入数额不高的原因是企业销售额不高，政府资金投入较少，自有资金不多，企业盈利能力差，难以吸引风险投资。

②研发人员占比例不低，但缺少高端人才。

被调查的 20 家科学仪器企业专职研发人员占员工总数 20% 以上的企业有 12 家，其中最高的为 61%，其次是 35%，第三是 31%，研发人员最多的为 320 人，其次是 310 人，最少的只有 16 人。聚光科技（杭州）有限公司还聘请五位中国工程院和美国工程院院士担任技术顾问，为公司的研发提供技术支撑。2009 年，安捷伦科技（中国）有限公司有 600 人的研发团队，占员工总数的 40%。德国耶拿公司全球有 700 名员工，其中研发人员占 20%，有 140 名。耶拿公司拥有德国最大的应用技术开发实验室，聚集了诸多著名专家，如：著名的原子吸收专家魏尔茨教授等担任公司的技术顾问。日本岛津公司的田中耕一获得了 2002 年诺贝尔化学奖。与跨国公司相比，我国科学仪器企业缺乏高端人才。

（3）技术来源。

①与高校、科研院所联合申请项目。

科学仪器设备生产企业与高校和科研院所联合申请国家和地方科技

计划项目，解决行业基础性、共性和关键技术问题，以及进行新产品开发。中国科学院沈阳科学仪器研制有限公司与东北大学合作研究真空技术及产品。上海光谱仪器有限公司与复旦大学、上海交通大学、国家地质中心、广东分析测试中心、中科院硅酸盐研究所共同申请国家科技计划项目。聚光科技（杭州）有限公司与浙江大学、清华大学、中国科学院和北京化工大学等高校开展产学研合作，大连依利特分析仪器有限公司与中科院大连化学物理研究所，精细化工国家（大连理工大学）重点实验室和华东理工大学等建立产学研合作关系，共同开发产品。

②与大学共同组建实验室、工程技术研究中心。

聚光科技有限公司与浙江大学工业自动化国家工程研究中心和杭州电子科技大学合作，共同组建"浙江省环境与安全检测技术重点实验室"。上海舜宇恒平科学仪器有限公司与华东理工大学生物反应器工程国家重点实验室、复旦大学创新科学仪器教育部工程研究中心以及浙江大学理学院化学系建立联合实验室，依托联合实验室，进行科学仪器的联合开发、科学仪器联用技术与应用技术的研究以及人才的联合培养。上海精密科学仪器有限公司与复旦大学、华东师范大学联合建立实验室，依托院校力量，提高产品质量。大连依利特分析仪器有限公司作为依托单位组建辽宁大连依利特分析仪器工程技术研究中心。北京普析通用仪器有限责任公司投资900万元与清华大学精密仪器系建立"光栅与测试仪器"联合实验室，整合高校技术优势和企业的相关资源，开展光谱仪器关键技术和核心元器件开发，提升企业产品技术水平和市场竞争力。

③转化大学和研究机构的成果。

某公司与某知名大学合作，将砷形态分析研究成果，与原子荧光技术实现嫁接，推出了原子荧光形态分析仪。还与该大学合作进行低温等离子体原子化器的研究，转化大学的研究成果。某企业与某知名研究机构合作研制 APLE – 2000 型全自动快速溶剂萃取仪，现已推出商品化的产品，并已销售多台。科研院所和高校办企业依托院所的技术实力，转化院所的科技成果。如某公司紧密依托中物院雄厚的科技实力，成为强辐射技术领域的先锋，目前是中国西部最大的 X 射线影像系统集成商。

④购买国外技术。

有些科学仪器生产企业通过购买国外技术及与外企联合开发等形式，获得符合公司发展方向的核心技术和关键零部件，在此基础上，实现消化吸收再创新，以迅速推进公司的技术进步和产品的提升。目前国际合作的重点是质谱、液相色谱及其应用技术开发。

（4）企业产出情况。

①发明专利少，表明拥有自主知识产权的产品少。

被调查的 20 家科学仪器企业，截至 2008 年年底，拥有授权专利最多的前四家企业，分别拥有授权专利 321 件、145 件、137 件和 93 件，其余企业拥有专利数量在 1 ~ 48 件，在授权专利中发明专利占比例低，最高的占 50% ，最低的占 6.6% 。发明专利数量最多的企业，自 2002 年成立以来有 62 件，年均授权量为 8.9 件；数量居第二位的企业，自 1958 年成立以来共有 24 件，年均授权 0.48 件；数量居第三位的企业，自 1958 年成立以来共有 22 件，年均授权 0.44 件；数量居第四位的企业，自 2001 年成立以来有 14 件，年均授权 2 件。

2006 ~ 2008 年，企业申请发明专利的数量 3 ~ 8 件。被调查的科学仪器企业发明专利数量不多，表明其拥有自主知识产权的产品少，产品以跟踪模仿为主，竞争力不强，企业难以发展壮大。

②参与国家和行业标准制定。

标准是科学技术研究的结果，是实践经验的总结，只有具备技术创新能力的企业才能参与标准的制定。参与标准制定的企业其产品可以获得市场竞争优势。在被调查的 20 家科学仪器企业中，有 13 家在 2006 ~ 2008 年的三年时间里参与了国家和行业标准的制定。参与数量位居前三位的企业，分别参与 55 件、36 件和 35 件标准的制定。

③主要产品：中低端科学仪器。

被调查的 20 家科学仪器企业的产品分为两类，一类是通用科学仪器设备，一类是专用科学仪器设备。

◎专用科学仪器设备

主要包括：食品安全快速监测仪器、过程分析仪器、电化学仪器、环境监测仪、生命科学仪器、医疗仪器、高低能工业 CT 系统、电子直线加速器、X 射线成像系统、高功率固体激光器及激光加工设备、表面分析仪器（分子束外延设备、能谱仪）、薄膜制备设备（CVD、PECVD、磁控溅射镀膜设备）、真空获得设备（泵、阀）、微粉及纳米材料制备设备、烟草卷烟检测仪器、各类真空器件、气体分析、力学测试、物理测试、无损检测、计量、标准物质等。

真空产品包括：系列分子泵等高真空获得产品；系列氦质谱检漏仪、氟油平台等检漏及应用设备；溅射离子镀膜机、真空滴油装置等真空应用设备。

电化学仪器包括：各类酸度 PH 计、电导率仪、溶解氧仪、离子计、氨氮检测仪、溶解氧等国参数检测仪器。

在被调查的 20 家科学仪器企业中有六家研究生产环境监测仪器，主要产品包括：空气质量连续自动监测系统、水质连续自动监测系统、污水 COD 在线监测系统、烟气在线监测系统、酸雨连续自动监测系统、大气探测激光雷达和车载测污激光雷达、空气质量长程差分吸收监测系统、机动车尾气红外激光在线监测系统、污染源排放在线监测系统、温室气体激光在线监测仪、光谱法水体 COD/DOC 在线监测系统、大气挥发性有机污染质子转移反应质谱在线监测系统和大气偏振成像探测仪等具有自主知识产权的高技术产品。这些产品已在我国环境污染监测和重大应用中发挥着重要作用。聚光科技（杭州）有限公司的半导体激光在线气体分析系统、基于紫外差分测量技术的多通道光谱分析仪、CEMS 污染源连续排放监测系统、激光粉尘监测仪、新型顺序注射水质在线分析仪、近红外光谱分析仪等一系列高端分析仪器在短时间内通过替代进口，占据了较高比例市场份额。

◎通用分析仪器

主要包括：光谱仪系列、色谱仪系列、精密天平类仪器、物理光学仪器、扫描电子显微镜、X 射线衍射仪等。

光谱仪类、色谱类仪器包括：紫外可见光谱仪、原子荧光光谱仪、原子吸收光谱仪、气相色谱仪、液相色谱仪，气质联用仪。

原子荧光系列衍生品：原子荧光光度计、原子荧光形态分析仪、原子荧光血铅测定仪、原子荧光 RoHS 测定仪、原子荧光分光光度计、X 射线荧光分析仪。

精密天平类仪器包括：传统的机械精密分析天平、精密电子天平、粘度计、水分仪、各类热分析仪器。

物理光学仪器包括：旋光仪、折射仪和熔点仪、分光测色仪、光电轮廓仪、大气差分光谱检测仪器等。

目前，我国的色谱、光谱仪器技术水平同发达国家相比仍有较大差距，主要生产中低档色谱、光谱仪器及其配件，中高档仪器市场份额绝大部分被美国、日本等外商产品占据。

④正在研发的高档产品：质谱仪。

质谱仪广泛应用于环境保护、食品安全检测、尖端蛋白组学、药物检测、航天和反恐等领域，是物质原子量、分子量确定的必备工具，是科学仪器的高端产品和重要的战略产品。在被调查的20家科学仪器企业中，约有五家企业正在研发质谱仪，2006年上海精密科学仪器有限公司、复旦大学承担的上海市科委的攻关项目"微流高压梯度泵毛细管高效液相色谱-电喷雾飞行时间质谱（LC-TOFMS）联用仪"通过了项目验收。2008年由中科院安徽光机所承担的中科院科研装备研制项目"大气挥发性有机污染质子转移反应质谱在线监测系统"通过了由中国科学院计划财务局组织的专家组验收。复旦大学与上海舜宇恒平科学仪器有限公司合作研制了四极杆质谱技术及气-质联用技术、飞行时间质谱技术及液-质联用技术、离子阱质量分析器技术及在线质谱技术，北京中科科仪技术发展有限责任公司研制了氦质谱检漏仪，碳十三呼气质谱仪，气体分析仪，并已商品化。2007年东西电子推出我国第一台商品化质谱仪。比较成功的研发企业集中在底层专用领域：氦质谱检漏仪、残留气体、环境大气质谱的研制。

⑤产品应用覆盖科研、教育和生产制造等领域。

被调查的20家科学仪器企业的产品主要应用于科学研究、教育、航天探月工程、检验检疫、技术监督、疾病控制、食品安全、环境监测、医学研究与检测、卫生防疫、新药创制、农林、化工、建材、石油化工、煤炭安全、电力、水泥生产、能源交通、冶金、机械加工、船舶制造等领域。

产品还服务于重大事件，为北京奥运会、汶川地震、松花江水污染事件、广东北江重金属污染事件、"三聚氰胺事件""非典"防控等提供服务。

这些充分说明我国科学仪器自主开发能力的提高，说明我国科学仪器产业已经具备了一定的市场供应能力和应对突发急需的产业能力。

⑥自主研发的产品，打破了跨国公司的垄断。

在与跨国公司的竞争中，拥有自主知识产权的科学仪器，打破了跨国公司的垄断，并迫使其产品降价。在工业制造和环境保护领域，自主研发的科学仪器更适应中国工业生产和环境保护监测与检测的需要，因此在这些领域表现更为突出。

"十五"时期，国家科技攻关计划资助的"加压快速溶剂萃取仪"研发，由研究机构与科学仪器生产企业共同实施，项目成果实现了商业化，每台售价 30 多万元。该产品市场原由美国戴安公司独家垄断，其产品售价 70 万元。我国自主研制产品的出现，不仅填补了国产仪器的空白，而且还中止了美国戴安公司独家垄断的局面，迫使其产品售价降至 50 多万元。

我国科学仪器企业与大学合作开发的热障涂层电子束蒸发设备，也打破了国外垄断，迫使其产品降低价格。热障涂层电子束蒸发设备是热障涂层技术的典型应用。热障涂层不仅可以达到提高航空发动机基体的抗高温腐蚀能力、进一步提高发动机工作温度的目的，而且可以减少燃油消耗，提高效率，延长热端部件的使用寿命，在发达国家的航空航天工业及国防安全等方面有着广泛的应用，具有极高的战略意义。此前，国内用户使用的该类设备全部依靠进口，购置费高、维修不便，严重阻碍了热障涂层技术在我国的推广和应用。我国科学仪器企业与大学合作研制开发的热障涂层电子束蒸发设备使设备购置成本降低了 40% 以上，并使热障涂层制备设备与工艺得到匹配，同时还打破了国外的技术封锁，缩短了我国在该设备研制上与发达国家的技术差距，满足了国产化需求，进而推动了该设备在我国国防、航空及民用工业等领域中的使用推广。

"十五"时期，应用于液体在线检测分析的近红外仪器主要有德国布鲁克公司、美国热电尼高力公司生产的光纤探头式傅立叶变换近红外光谱仪和北京英贤公司生产的光栅 CCD 近红外光谱仪，这些仪器还均未应用在中药在线检测及质量控制方面。而我国大学和企业联合研发的"液态中药在线红外分析仪及中药专用近红外分析系统"的主要特点是专门设计的进样池的光路结构适合液态中药样品的在线检测，与同类产品相比，该系统适合中国中医药生产的在线监测和质量控制。

核磁共振技术用于石油井下测试，是石油能源开发中一种新型的、重要的高科技测井方法，核磁共振测井技术在石油勘探开发中的应用发展迅速，国内几乎所有的探井都进行核磁共振测井，这项技术已经被作为解决油田勘探开发疑难问题的重要手段。"十五"时期，国家科技攻关计划资助了"核磁共振测井仪"研发，该项目由高校和企业联合实施，自主研制的核磁共振测井仪已经在国内油田探测中应用。已经研发成功的核磁共振测井仪虽然已经打破国际上对核磁共振测井技术的垄断局面，但在仪器的整体性能方面与当代国际先进技术相比仍有一定差距。

在与跨国公司的竞争中，拥有完全自主知识产权的原子荧光技术及其产品获得了较高的市场份额。原子荧光技术诞生于 20 世纪 80 年代初，20 多年来已经连续开发出功能近 30 种不同型号的原子荧光仪器，已形成一种具有中国特色的分析测试技术。

我国科学仪器企业自主研制的世界首创的金属原位分析仪，能实现金属材料中大面积范围内的成分及状态定量分布的快速分析，目前该仪器在我国多家钢铁企业得到广泛应用，并取得了三项国际、两项国内发明专利；荣获 2007 年国家专利优秀奖、2008 年国家技术发明二等奖等奖项。

自主研制的单火花金属成分分析仪、氧氮分析仪、碳硫分析仪、动态冲击试验机、断口图像分析仪等一系列高端材料分析测试仪器，拥有多项国际和国内发明专利。以创新的产品、过硬的质量、良好的服务建立了材料检测领域的知名民族品牌，打破了跨国公司的技术垄断，使国外相关产品价格上涨的势头得到有效遏制。

我国科学仪器企业开发生产的激光在线气体分析仪在国际上首次实现了 ±1% 测量准确度，形成了光纤式、非光纤式、光纤分布式、本安防爆、正压防爆、探头式等国际上最丰富的产品系列，产品关键技术指标全部达到国际领先水平，打破了国外对先进技术的垄断，降低了社会成本。该产品已广泛应用于钢铁冶金、石油化工、环境保护和能源建材等领域，通过替代进口已占据国内 95% 的市场份额，产品已出口美国、英国、日本、阿尔及利亚等国，该产品的产销规模现已超过西门子，成为国际第一。

我国科学仪器企业在国际上首次提出"原位抽取法紫外/可见光纤光谱分析技术"，并成功开发了多通道光谱过程分析仪，该产品 2008 年销售量排名全球首位。基于该项核心检测技术，公司研制成功应用环保烟气监测的"CEMS 烟气连续排放监测系统"，该产品投产第二年（2008年）的销售量占据了中国环保烟气监测领域 20% 以上市场份额，市场占有率排名首位。

我国从"九五"时期开始进行环境监测科学仪器的研发。"九五"之前，我国环境监测仪器研发和应用严重滞后，于 20 世纪 80 年代开始从国外引进一些仪器设备，90 年代出现仿制或部分研制的国产仪器，而成套在线监测设备的国产化则起步于 2000 年。2000 年之前，国内使用的连续监测仪器均为国外产品，主要有德国 ISCO-STIP 公司，美国 W-T 等发达国家公司的产品，但价格昂贵，运行费用高。

"九五"国家科技攻关计划资助的"污水在线自动监测仪"项目由研究机构自主研制，已经实现商业化，形成了批量生产能力。污水在线自动监测仪器已经在河北、山东、上海、江苏等省市安装使用，主要应用于河流断面、城市污水处理、制药、酿酒、化工等领域使用。该产品与国外产品相比，具有较高的性价比优势。关键零部件从国外进口，保证了产品的准确性和可靠性，大部分的零部件在国内采购加工，具有较低的制造成本，可适用于广大的中小城市和工矿企业。具有较低的运行、维护成本。该仪器是一套精密的分析仪器系统，有些消耗材料的使用量很大，如果全部采用国外产品，不但购入时需要大量资金，而且正常运转中的维护费用将成为用户的一个沉重包袱。消耗材料在国内购买，在供货时间和价格上具有很大优势。

"十一五"国家科技支撑计划资助了"多参数水质快速检测仪"的研制。多参数水质分析仪、水质测定仪、流动式水质分析实验室等仪器、技术在国外已经日趋成熟，并且向在线检测和实时反馈方向发展。仪器能检测的项目参数容量很大，如美国哈西公司的产品检测参数可达 50 多项，其他国外公司的产品检测参数都在 20 项以上。与国外仪器相比，我国水质检测仪器的技术水平还相对落后，多数国产仪器只能检测水质中的单项指标，即单参数检测，能实现多参数检测的水质监测仪器几乎是空白。"多参数水质快速检测仪"的研制和成果的商业化，打破了国外产品的垄断，该仪器具有自主知识产权，可以实现现场定量检测 80 多个参数，售价在 2 万元以下，远低于国外每台 3~6 万的售价。

"十一五"国家科技支撑计划资助了"便携式水质分析仪"研制，该项目成果已经批量生产，用户分布在全国各环境监测部门和工业企业，能够满足应急市场监测需求，为解决食品安全现场检测提供了高效手段。

　　"九五"时期，国家科技攻关计划还资助了"空气污染检测仪"研发。项目成果实现了商业化。该仪器是我国第一套具有自主知识产权并获得国家推广许可的空气污染测试仪器系统，它的推广打破了长期以来国外产品的垄断，使国外产品的价格由原来的120万元降低至60万至70万元。国外仪器主要有美国的热电子、MONITOR、ESC、DASIBI、API，日本DDK、HORIBA、岛津，法国ESA、SERES和德国等发达国家公司的产品。

　　我国科研机构和企业在通用科学仪器，如色谱仪、光谱仪和质谱仪的关键部件的研制中也取得一些突破，产品投产后减少了对国外同类产品的依赖。

　　"九五"时期，国家科技攻关计划资助研发的"小型高精度椭圆偏振光谱仪"实现了商业化，该仪器具有很高的性价比，已经出口德国纽伦堡-爱莱根大学、香港的大学，还用于我国的大学和研究所，为这些单位在信息光电子领域从事高质量的科学研究活动提供了科学分析工具。

　　"十五"时期，国家科技攻关计划资助的"四极杆GC-EI-MS"仪器研制成功，并实现了商业化，该仪器的研制成功，为解决我国环境、食品安全、药物分析，生命科学、法医鉴定，国际反恐等领域的问题提供了方便、可靠、成本低廉的分析工具，打破了跨国公司在国内的垄断局面，使我国具有了分析仪器行业高端产品的自主研制与生产能力。

　　高聚物类型的色谱填料在我国色谱领域市场上，一直完全依赖进口。"十一五"国家科技支撑计划项目"高聚物型高性能色谱分离材料和色谱柱"的实施，促进了该类型国产色谱填料的商品化生产，其产品市场销售价格是同类进口产品的50%。新型高聚物类型的色谱填料具有耐酸性、强度好、可清洗再生等优点，尤其适用于生物医药、天然药物的分离，及一些分离条件苛刻的样品分离，而且由于对纯水稳定，有利于减少有机溶剂的使用，即节约成本又能减少污染，产品可替代同类进口产品。使用该产品，有利于降低医药企业或有关研究单位的研究开发成本。

"十一五"国家科技支撑计划资助的"高效液相色谱泵"研发，于2007年推出样机并逐步投放市场，已在多个领域得到广泛认可，其性能指标与国际知名品牌不相上下，已经成为国产液相色谱的主力。

"十一五"国家科技支撑计划资助的"SA－10原子荧光形态分析仪"推向市场以来，已经在检验、检疫、卫生环保、农业等多个领域应用，并在该仪器的基础上制定了一些相关的国家、行业标准，解决了一些实际检测中的问题，随着检测方法国标、行标的建立与发布，SA－10原子荧光形态分析仪将有更大的市场。

3.4 科学仪器设备产业发展中存在的问题

经过国家自然科学基金、中国科学院知识创新工程，国家"863"计划、国家科技支撑计划，以及国家发展改革委员会设立的科学仪器高技术产业化专项等一系列专项资金和科技计划的支持，我国科学仪器自主创新取得显著成绩。攻克了一批共性关键技术，研制了一批具有自主知识产权的科学仪器设备，打破了跨国公司的垄断，提升了我国科学研究的装备水平，推动了我国科学仪器设备产业的发展。但是我国科学仪器设备产业在发展中也存在一些问题。

3.4.1 国家层面

（1）缺乏国家层面战略。

一是我国科学仪器设备长期归口机械工业部门管理，没有对科学仪器设备发展制定专门规划。《"十二五"机械工业发展总体规划》仅涉及国产高端测试仪器。尽管工信部将精密和智能仪器仪表与实验装置列入《"十二五"高端装备制造业产业发展规划》给予重点支持，但也只涉及精密测量仪器，而不是科学仪器设备全行业。而"九五"以来我国制定的三个科学仪器设备发展规划，支持的重点均是科研条件和科学仪器设备自主研发，较少涉及产业发展。

二是政府各部门的资助计划缺乏统筹协调，缺乏宏观布局，缺乏战略设计。从国家层面看，对哪些技术领域必须争夺；哪些领域有研究基础，可以在未来几年获得自主知识产权和关键核心技术，从而减少对国外科学仪器的依赖等缺乏共识。由于科学仪器设备研发与各科技计划之间缺乏协调、沟通，从而造成基础研究、应用研究与商品化发展需求存在一定程度上的脱节；有些关键领域缺乏研发支持；有些领域则存在重复立项、资源浪费等现象。如某知名高校，有七个系进行质谱仪相关技术研发，有些内容非常接近，但却相互不知情。

（2）科学仪器研发基地尚未形成。

2007年，在正在运行的221家国家重点实验室、国家实验室中，只有四家以科学仪器命名；在总数约350家的国家工程（技术）研究中心、国家工程实验室中，直接与科学仪器设备自主研发相关的不到10家，而且在企业中尚未建立科学仪器研发的重点实验室和工程技术研究中心。"八五"以来，国家科技计划支持了许多科学仪器研发项目，但由于支持的不连续性，许多项目完成以后，研究团队随即转向其他领域，导致承担任务的科研机构、大学和企业难以形成一定的知识和成果积累，因此无法形成研发基地。

（3）科技计划资助模式有待完善。

①政府科学仪器研发资金投入总量少、强度低、不连续，难以形成长期积累，不易产生重大科技成果。

"十五"时期，中央财政投入科技攻关计划、"863"计划的资金合计为218.53亿元，其中，投入质谱、光谱、电化学、核磁、色谱、电镜、荧光等通用科学仪器的资金仅为0.85亿元，共投入110个项目，投入资金占中央财政投入总数的0.39%，平均每一项的投入强度仅为77.92万元。科学仪器是高技术产品，这种投入强度，难以满足研发的需求。

创新型科学仪器研发需要几十年持续的积累，高水平学科带头人的产生也需要科技人员在本领域十年、甚至是几十年持之以恒的奋斗，而目前科学仪器设备的资助方式以竞争性项目为主，这种资助模式难以形成持续、稳定的投入，科技人员的知识也难以形成持续的积累，科研成果不能得到不断的深化和拓展，高水平学科带头人出现严重断层，因此，难以产生重大科研成果，已有的科研成果也难以产业化。

②对产业共性关键技术研发、技术标准制定支持不够。

"九五"以来，科技攻关（支撑）计划、"863"计划资助科学仪器设备研发的着力点是如何提高某种科学仪器的技术性能指标，生产若干台样机，而对产业共性、关键技术的研发支持不够。科学仪器设备具有多品种，小批量的特点，这种支持模式，很难提高产业的核心竞争力。另外，科学仪器设备是光学、机械、电子、计算机、物理、化学和生物等学科领域各种高技术的集成，一些仪器设备包含的零部件多达100种以上，因此，在仪器设备自主研发中，推进标准化工作亦至关重要。科学仪器设备标准的建立，可为科学仪器质量提供保证。

"九五""十五"和"十一五"时期，科技计划支持了一些科学仪器设备技术标准研究，但总量很少，尚未形成国家层面的技术标准。标准研究存在的主要问题是：

●技术水平总体落后。经初步分析统计，截至 2010 年，我国科学仪器领域 15% 的国家标准处于适度超前水平，对产业和技术进步起到了拉动和引领作用；80% 的国家标准处于平均水平，与我国当前科技、生产、工艺、管理水平基本相适应；5% 的国家标准处于落后或完全落后水平，制约着相关产业和技术的发展与进步，甚至妨碍着新技术的应用和推广。代表先进水平的高档科学仪器几乎没有标准可以遵循，标准既不能引领国内技术进步，也对国外仪器大举占领我国市场毫无壁垒作用可言。随着科技不断进步和计算机技术的发展，大量新材料、新技术、新方法涌入分析仪器产品设计应用之中，一些专用仪器和民生仪器也从传统仪器中脱颖而出，如食品检测仪器、石油产品检测仪器、环保检测仪器、节能减排检测仪器等，这些科学仪器的标准均需要补充和立项研究。

●采标工作滞后，国际标准的转化率与其发布年代呈严重的反比关系。以电工测量仪器为例，在被分析的国家标准中，62.9% 的国家标准采用了国际和国外先进标准。而在所采用的国际和国外先进标准中，有30% 已被修订。另外，在采用的 IEC 标准中，约 70% 是 IEC 在 2000 年以前发布的标准。

●标龄太长，平均 10 年。与国际标准和世界主要发达国家标准 3 ~ 5 年的平均标龄相比，形成巨大的反差。尤其是实验室仪器和设备行业，由于前些年标准化技术归口单位的缺失，大部分标准还都是 20 世纪 90 年代制定的。

●应用程度偏低。标准应用程度的高低，最直接地表达了标准反映市场、经济和社会需求程度的高低。从国家标准销售情况看，销售量很小的国家标准占到总数的68%，销售量较大的仅占32%。

●总体适用性相对较差。按照"继续有效""修订""废止"划分，70%的国家标准可继续有效，8%的应直接废止，22%的应修订。因此，需进行修订、废止的国家标准占总量的约30%，总体适用性相对较差。

由于行业标准或国家标准指标偏低，造成仪器制造商在研制和生产仪器时没有标准可依，研制的仪器性能指标落后，无法与国外产品竞争，同时因为标准的缺失，也使得用户难以对国内外产品进行科学、公正的评价，造成用户对国内仪器设备的不信任。

③基础性研究投入较少，科学仪器源头创新不足。

2009年，科学仪器基础研究专项，共受理申请项目174项，但只资助了35项，资助率为20%，平均每项资助强度为142万元。有些基础科学研究亟需的科学仪器研制或改进，由于科研经费的短缺，而得不到资助；在资助基础研究的"973"计划中，尚未设置科学仪器设备研发项目。科学仪器的原始创新与科学研究的重大突破息息相关，对基础性研究所需科学仪器研发投入的不足，不仅影响基础科学研究重大成果的产生，而且也减少了科学仪器原始性创新产生的机会。

（4）招标采购不规范，使国产科学仪器得不到使用。

科学仪器技术创新需采取"产、学、研、用"相结合的模式，只有在不断的使用中，科学仪器才能得到不断的完善。但是，目前我国的政府采购系统不支持国产科学仪器的使用。首先，在质量检测、环境保护、食品安全、出入境检验检疫等执法部门，政府采购的科学仪器设备绝大部分来源于国外公司；第二，我国科学仪器采购招标不规范，有些技术功能，国产科学仪器完全能够满足需求，但由于标书指标设定瞄准外国企业的仪器，从而使国产仪器得不到使用。近年来国际著名科学仪器企业，凭借其雄厚的资金实力，采取前所未有的大幅度折扣，用几乎零利润甚至低于成本的报价，参与我国仪器设备招标采购，挤压我国刚起步的企业和新产品。

（5）激励机制落实不到位，评价体系不合理，不利于科技成果转化。

技术作价入股或合资办企业，是目前科技成果转化的最佳模式。原因是采用这种模式，科技人员可以深入企业，跟踪项目的实施，不断对转化的技术进行完善，以弥补企业研发力量不足的缺陷。

为了鼓励科技成果转化，政府出台了一系列法律法规，鼓励科技成果作价入股，但是在实践中，由于没有实施细则，同时涉及国有资产是否流失等问题，奖励的股权无法落实到人头上，科技人员的利益得不到保障，从而影响了科技人员转化科技成果的积极性。

目前，科研机构、高等院校对科技人员的评价以学术导向为主，以获得纵向课题数量、发表论文数量、获得专利数量和科研成果获奖数量作为主要评价指标，这些指标在评价中占权重大，而转化科技成果，获取经济效益等指标占权重低。科技人员的评价与职称评定直接相关，而职称又与福利待遇相关，因此，这样的评价标准，导致科技人员重视纵向课题的研究，而对科技成果转化投入精力不足，因此，对科技与经济的结合产生不利影响。

3.4.2 产业发展的薄弱环节

（1）企业自主创新能力弱。

资金投入不足。国家科技计划经费主要投入高校和科研机构，流入企业的较少，因此，企业研发经费主要依靠自筹。但企业利润不高，研发资金投入较少，对于像质谱仪这样的大型仪器，企业更是难以进行持续性投入。有些老国有企业虽然经过多次改组和改制，但依然人员臃肿，负担较重，新项目研发投入仍然严重短缺。

缺少高水平的研发人才。人才是创新的根本。当前，制约我国科学仪器行业快速发展的最大瓶颈是缺乏优秀的研发人才。首先，由于我国科学仪器设备生产企业的经济基础和研发基础相对薄弱，因此长期以来难以吸引优秀人才投身到这个行业工作，导致有经验的仪器设备研发及应用工程师和技术专家十分稀缺。其次，学科设置不合理，缺少复合型人才。从事化学分析的人员，不了解仪器的研发，精密仪器专业的人员不熟悉仪器应用，因此，企业难以招聘到合适的人才。第三，人才流失严重。国际著名跨国公司在我国建立的生产研发基地，出高薪挖走我国科研机构、企业的高端人才。人才流失的主要原因是，科研机构、企业的薪酬水平低，跨国公司普通工程师的薪酬高于国企核心技术人员的两倍。没有高素质的人才，就无法与跨国公司竞争。

企业质量控制能力欠缺。企业主的战略眼光和产品质量控制意识远比发达国家企业主弱，导致多数分析仪器企业近似于放大了的作坊。

由于人才和资金投入的不足，原创性技术成果少，发明专利稀缺，有些企业陷入跟踪模仿的境地，削弱了企业的自主创新能力。

（2）科技成果转化率低。

"九五"以来，国家科技计划支持了一些科学仪器关键部件的研发，并取得一些科研成果，但这些科研成果实现产业化的较少。主要原因：一是科研创新的主体是研究所和高校，但这些机构的科研是学术导向，研究项目很少以工程化为目标，科研人员在立项之初和研究的过程中很少为企业和商品化着想，因此，提供适合商品的新技术很少；二是企业的成果二次开发能力弱。科研成果要实现产业化，还需要根据市场需求和应用特征在系列化、通用化、标准化等方面，对关键部件进行深度开发，但是，目前企业还没有足够的经费和人力资源将实验室原理装置开发成商品。

（3）关键技术和关键部件落后。

关键技术和关键部件落后，是我国科学仪器设备总体水平落后于发达国家的主要因素；在一些重点科学仪器领域，没有相关的关键技术和关键部件，是我国科学仪器设备发展受制于人的关键。目前，国内中档以上科学仪器的许多关键部件和配套设备，国外公司仍然占据着大部分市场份额。在色谱分析仪器领域表现尤为突出，例如，液相色谱中的色谱柱填料，检测器中的单色仪等主要依靠进口。某些通用的关键技术不过关，使得我国分析仪器的性能难以提高。在光谱仪器领域，在数字化光源系统和高分辨光学系统等关键技术方面与国际一流水平尚存在差距，而高刻线光栅、光电倍增管、电子倍增器更是主要依赖进口。高性能仪器设备的基础、核心器件国内配套能力弱，如：中阶梯光栅、固态光源、检测器等；再如：流量控制技术、温度控制技术和自动控制技术等。针对这些技术，由于缺乏从物理概念到实际制造工艺的最基本研究，我国仅仅局限于模仿，即使做出来，或许有功能，但仍无法达到国际水平，如20年前国外广泛应用的自动进样器，目前国内还没有成熟的类似产品可以提供。

（4）产业配套能力、精密制造加工能力差。

科学仪器设备生产缺乏高质量、稳定的零配件产业链。大型的跨国企业都有高质量、稳定的零备件供应商，而目前我国很多仪器企业的配件都需要自己生产，不仅效率低，且生产成本高。

我国科学仪器企业大多无力购置精密加工设备，如有精密加工需求，也只能外协。并且往往因批量小、难度高、价格贵，而难以找到合适的加工单位。此外精密加工零部件组装成仪器后需要检测，但目前企业缺乏完整的精密测试仪器，因此，难以完成高端科学仪器的研制和生产。

大型跨国仪器生产企业拥有自己的高精密加工和检测设备，虽然小型企业没有，但在国外有专业化的精密加工企业可以提供服务，满足其需求。

目前国内工业化水平低，制造科学仪器的许多原材料和部件达不到应用标准；一些影响可靠性的精密加工技术、密封技术、焊接技术等关键技术至今尚未达标，这些因素同样制约着我国科学仪器设备的自主创新和科技成果的转化。

（5）科学仪器生产不关注国际标准，使科学仪器难以走向国际市场。

目前国内科学仪器与国外科学仪器很大的区别是国际标准化问题。中国仪器厂商不关注生产的仪器是否符合国际标准，在国外，如果仪器不符合商家的工业标准，将不能销售。原子荧光技术我国拥有完全自主知识产权，是少数技术水平超过进口产品的分析仪器，其产品获得了较高的国内市场份额，并且具有潜在的广阔的国际市场。但由于未建立相关国际标准，该产品出口受到了限制。国内一些著名专家试图推动荧光产品国际标准的建立，但由于经费有限，进展缓慢。

（6）行业集中度低，重复研发严重，导致恶性竞争。

我国科学仪器设备生产企业数量多，规模小，缺乏龙头企业，不具备规模化优势，企业研发投入能力弱，研发项目挤在少数品种上。为求生存，在激烈的市场竞争中，企业之间竞相压价，减少了利润空间，同时也降低了企业研发投入能力，使一些原本已经初具规模的企业长期陷入恶性竞争，无法投入人力、物力、财力，难以根据自身的优势抗衡国际垄断集团的挤压。

国际上有影响的生产质谱仪的公司不超过 10 家，而我国，截止到 2009 年，从事质谱仪研发的企业就有 20 家，而且大多数从最原始的技术开始研发，企业之间缺乏合作，造成重复投入。我国具有自主知识产权的原子荧光光谱仪，在 2000 年，每年的售量最高为 100 台，只有两家生产厂家。随着 40 多项原子荧光光谱仪国标、行标、地方标准的发布，原子荧光光谱仪的年销售量快速增长，2008 年，全国销售量超过 1500 台，生产厂家也增加到 10 家。由于均是中低端产品，因此，产生价格恶性竞争，一台全自动原子荧光光谱仪的原材料成本在 2.5 万至 3.0 万元之间，市场销售价应在 7.5 万元以上，但有些公司以 4 万元的低价大量销售。原子荧光光谱仪的出口价应在 2 万美元以上，而有些企业 1 万美元抢订合同。这种做法损失的不仅仅是利润，同时还丧失了用户的信任。

近几年，压价竞争已从中资企业为主的中低档产品蔓延至中外资企业之间所有的低、中、高档产品。岛津公司进口仪器以中低价位参与国内市场的竞争，其他跨国公司也有介入的迹象。

3.4.3 科学仪器设备产品与发达国家的差距

与国际先进科学仪器相比，我国科学仪器的质量存在明显差距，主要体现在以下几个方面。

（1）产品的可靠性较差。

由于对基础技术和制造工艺的研究开发较少，造成影响仪器可靠性的精密加工技术、密封技术、焊接技术等关键技术至今尚未得到根本解决，使国产中高档仪器的可靠性指标（平均无故障运行时间）与国外产品相比，大致要差 1~2 个数量级。

（2）产品性能、功能落后。

现有国内产品在测量精度、稳定性以及自动化程度上与国外产品相比，差距明显，核心功能部件薄弱是制约发展的重要因素。国外产品的智能化程度已经相当高，在产品网络化方面，国外已进入实用阶段，我国才刚起步。智能化和集成化不仅大大简化仪器的操作过程和信息获得速度，而且可以加快各种信息的处理过程。然而，智能化和集成化所需要具备的必要条件是拥有一批既了解用户又懂得仪器的软件工程师。另外，在智能化和集成化的开发中仍然存在着缺乏能够管理智能化设计的人才。目前国产色谱分析仪器整体上还没有走上自动化的道路，这也是色谱分析仪器仍然主要用在实验室，而比较少地应用于企业客户的生产流程的原因之一。

（3）产品技术更新周期长。

当今国外产品技术更新周期大约为 2 ~ 3 年，新技术的储备一般提前到 10 年；而我国企业往往通过引进外国技术来实现一代产品的更新，同时也存在着引进不能很好消化吸收、开发新产品原创性少等问题。一些采用新原理的仪器产品，在我国尚处于空白状态。

（4）缺乏针对使用对象而开发的解决方案。

近年来，国外科学仪器的发展，一个显著的特点是科学仪器开发与应用对象紧密结合，最终向用户提供个性化的解决方案。但是，国内在这方面的工作还处于起步阶段。

4

跨国公司在我国科学仪器设备销售、研发、生产环节

布局的现状及其对我国科学仪器设备产业的影响

改革开放以来，先后有 20 余家跨国仪器设备生产企业在我国销售产品，其中有些还设立了研发机构，建立了生产基地。为了深入分析我国科学仪器设备企业在与跨国公司竞争中的优劣势，明确我国科学仪器发展的重点领域和重点任务，为制定我国科学仪器设备产业发展战略提供依据，研究组于 2009 年 9 ~ 10 月面访了赛默飞世尔科技（中国）有限公司、安捷伦科技（中国）有限公司、岛津国际贸易（上海）有限公司、德国耶拿分析仪器有限公司和瑞士万通中国有限公司，调研了跨国公司在我国销售、研发、生产环节布局现状，及其对我国科学仪器设备产业发展的影响。

4.1 跨国公司在我国科学仪器领域销售、研发、生产现状

4.1.1 跨国公司特征：百年老店、行业翘楚

赛默飞世尔科技有限公司有 50 多年的历史，其前身是成立于 1956 年的美国热电集团。热电集团自 1967 年上市以来，已经历了超过 250 多宗并购，目前已经发展成为行业的领导者。2000 年成立中国公司，2005 年以后在中国发展速度提升。

安捷伦科技公司迄今已有 70 年历史，其前身是 1939 年在美国硅谷成立的惠普公司。1999 年惠普公司战略重组，一分为二，分拆上市，同年 11 月，安捷伦科技公司应运而生，成为一家独立的在纽交所上市的公司，其承袭了惠普公司的测试测量业务。安捷伦科技公司在通信、电子和生命科学与化学分析领域有着悠久的历史，在世界 30 多个国家和地区设有分支机构，在美国、中国、德国、日本、马来西亚、新加坡、澳大利亚和英国的制造厂开发产品。2007 年安捷伦科技公司财政收入达 54 亿美

元，约 2/3 来自美国境外。在全球范围内，安捷伦科技公司拥有 19100 名雇员，为 110 个国家的客户提供服务。2008 财年，安捷伦科技公司全球销售额 58 亿美元，按销售额计算，安捷伦科技公司是世界上最大的测试测量贸易公司。

岛津制作所成立于 1875 年，至今已有百余年历史。经过百余年发展，截至 2009 年 3 月，岛津集团下属公司数 76 家（其中海外 44 家），员工 9670 名，2008 年实现年销售额约为 2728 亿日元，营业利润 196 亿日元，海外销售比例达 42.5%。岛津制作所是著名的测试仪器、医疗器械及工业设备的制造厂商，2002 年岛津制作所的田中耕一荣获诺贝尔化学奖，开创了公司研究人员获奖的先河。

德国耶拿分析仪器股份公司成立于 1990 年，前身为卡尔·蔡司公司（Carl-Zeiss Jena GmbH，1846 年在德国耶拿成立）的分析仪器部，今天已成为德国最大的分析仪器公司之一。

瑞士万通公司于 1943 年在瑞士成立，一直致力于离子分析技术的发展，目前是全球唯一全方位涵盖各类不同离子分析技术的跨国分析仪器公司，同时也是全球最大的电化学仪器供应商。瑞士万通以自动电位滴定仪、KF 微量水分滴定仪、离子色谱仪、伏安极谱仪著称，技术领先世界。

4.1.2 中国已经成为跨国公司的重要市场

"十五"以来，我国经济发展高速增长，产业结构不断优化升级，经济发展兼顾环境保护和资源节约。"十一五"期间，国家科学技术发展规划提出，要把增强自主创新能力作为国家发展战略，加快经济增长方式的转变，推进产业结构优化升级，实施一系列重大专项，通过科技创新实现飞跃式发展。2008 年，为了应对金融危机造成的影响，促进经济平稳较快增长，国务院颁布扩大内需的 4 万亿计划和促进经济发展的十项措施，政府加大了对基础设施和科学技术的投资；2009 年 2 月，国务院又出台了十大产业振兴规划，提高了企业的研发投入能力。近年来我国颁布了一系列法律法规，以加强食品安全，节能减排，环境保护工作。随着国民经济和科学技术的发展，以及各项法规的颁布，我国科学仪器设备的市场需求快速增长。

全球瞩目高速发展的中国科学仪器市场，毫无争议地成为跨国仪器厂商重点投资的地区，跨国公司在中国发展业务的速度明显快于全球平均水平。德国耶拿分析仪器股份公司 2001 年正式进入中国市场，至 2009 年的八年间，其销售额增长了 10 倍。2008 财年销售额比上年增长 81%，2009 财年增长率为 65%，而 2009 财年全球增长率为 35%。2008 财年，全球销售额约为 1 亿美元，其中中国市场为 2000 万美元，占全球市场的1/5。德国耶拿分析仪器股份公司分析仪器在中国的主要市场是政府采购，占 70%，企业占 30%，目前，非政府采购项目占比例越来越高。

瑞士万通公司 2002 年在上海注册成立全资子公司，近年来在中国市场的仪器销售额每年以两位数字增长，中国已经成为其全球第三大市场，第一大市场是美国，第二大市场是德国。2008 年，瑞士万通公司全球销售额为 3 亿至 4 亿美元，其中中国市场为 3000 万至 4000 万美元，占全球总销售额的 10%。万通公司的电位滴定仪器在中国销售数量占同类产品的第一位，国家权威检测、标准制定机构也是该产品的用户，高档离子色谱在中国用户量稳居第二位，高档电化学工作站机销售量排在前几位，主要用户是国家级科研单位和大学。

安捷伦科技（中国）公司 1999 年成立，作为全球生命科学与化学分析仪器系统的主导供应商，安捷伦在中国一直处在市场领导者的位置。

2008 财年，安捷伦科技公司全球销售额为 58 亿美元，美洲市场占 38%，欧洲市场占 26%，亚太地区占 36%，亚太地区的市场主要是中国市场。近年来中国市场份额快速增长，已经成为安捷伦科技公司的第二大市场，仅次于美国。安捷伦科技公司的气相色谱仪、气－质联用仪、液相色谱仪等都是市场占有份额排名第一的产品。

1999 年岛津国际贸易（上海）有限公司成立。2008 财年，岛津公司全球销售收入为 2728 亿日元，其中，日本本土占 57.5%，亚洲和太平洋地区占 24.1%，美洲占 10.1%，欧洲占 8.3%，中国市场约占 10%。在医药行业和食品行业被广泛应用的高速液相仪器在中国的销售量已经超过日本。

赛默飞世尔科技（中国）有限公司于 2000 年成立，2005 年以后在中国的发展速度增快，主要驱动来自于国家对食品安全、环境保护等高度重视所带来的仪器需求，环境保护全球总部搬到上海，中国成为赛默飞世尔科技有限公司在全球增长速度最快、最重要的市场之一。2008 年，赛默飞世尔科技有限公司全球销售收入 105 亿美元，在中国的年销售额大约为 10 亿元，中国仪器市场及其发展对全球仪器行业有很大影响。中国已经成为赛默飞世尔全球第三大市场，业务连续数年实现超过 25% 的年增长率。

跨国公司在中国销售科学仪器的领域主要包括：分析仪器、生命科学、计测仪器、光学制造仪器、医疗仪器、航空设备、产业机械、油压设备、电化学仪器。分析仪器是发展的核心，包括高速液相、气质联用仪、环境监测用分析仪器等。随着食品安全、环境保护等领域受到中国政府的重视，化学分析仪器、生命科学仪器的销售数量将不断上升，市场快速增长。

4.1.3 提供系统解决方案，快速响应突发事件

随着科学技术的进步和人们对于生活质量要求的不断提升，社会对于影响居民安全的突发事件的响应要求也越来越高，在这方面，科学仪器起着不可替代的作用。以往仪器提供商一般都把主要精力放在对达到预定要求的样品的分析检测用核心仪器的研发和生产上，随着现代社会对于产品质量、食品和环境安全、公共安全的要求越来越高，那些只能对符合标准要求的样品做出准确测量的单件仪器，已经无法满足解决现实社会所面对的多种多样问题的要求。为解决重大社会突发事件，如恐怖袭击、食品安全、环境污染事故、刑事犯罪侦破等提供支持，已成为各大仪器公司在市场竞争中争取更大市场份额而竞相祭出的一个法宝。在我国三鹿奶粉事件发生后，各跨国仪器公司（岛津、安捷伦、Waters）在短短几个月时间内很快推出了快速检测各种乳品中三聚氰胺的系统解决方案，提供从取样、样品处理到分析检测的全套仪器装置、试剂和分析方法。而我国的仪器公司则普遍迟迟未能做出类似的响应。这方面做得好的跨国公司已可分别针对食品安全、环境水和空气质量监控、药物开发和制药行业药品质量监控、电力、水泥、冶金、石化行业全流程监控提供各自不同的整体解决方案。这不仅给相应的不同用户带来了极大的方便，同时也大大促进了各大公司自身的快速发展。对于生命科学研究与医学方面的需求，跨国公司不仅提供从取样、样品前处理到分析、检测等一系列仪器、设备和配套的试剂，而且还可以提供一些如外部采购解决方案、实验室设计与启动等服务。

4.1.4 在中国设立研发、生产制造基地

安捷伦科技（中国）有限公司在中国的发展战略是：根植于中国市场、长期发展。日本岛津公司在中国的发展规划是：从"岛津日本"到

"岛津中国"的战略移植。赛默飞世尔在中国的规划是：追求增长、开发制造较多的本地化产品，满足中国市场的需求，成为中国业界的领先者。跨国公司为了实现其发展战略，必须开发出适合中国市场的产品，因此纷纷在中国设立研发机构，建立生产基地，并积极与中国的大学、研究机构实施合作。

(1) 在中国设立研发机构。

安捷伦实验室（中国）成立于2000年，是安捷伦科技公司核心研究实验室在中国的分支机构，致力于与安捷伦全球产品部门、中国领先大学、本地科研院所紧密合作，从而支持安捷伦全球产品及业务。安捷伦科技（中国）有限公司有600人的研发队伍，占职工总数的40%。赛默飞世尔科技有限公司实行全球研发制度，在全球设有研发机构，在中国也设立了研发机构。日本岛津公司在日本、美国、英国设立了研发机构，并于2007年3月设立岛津分析技术研发（上海）有限公司，其目的不仅是满足中国用户的需求，同时也作为全球应用技术研发基地，主要从事理化分析和生命科学研究用仪器、装置以及分析方法的研究开发。

(2) 研发投入强度高，进行应用技术开发，并参与行业标准制定。

安捷伦科技（中国）有限公司作为测量仪器的领导者，非常重视领先性、前沿性技术的研究，在中国市场有足够的研发投入，研发经费投入达几千万美金，占每年销售额的10%～15%，平均为10%。其中10%用于纯科学研究，90%用于技术应用开发。纯科学研究是研究未来5～10年后的产品，以实现公司的长期发展战略，增长公司的竞争力；开发研究是研究未来1～2年的产品。抓住了标准就是抓住了行业的制高点，因此，安捷伦科技（中国）有限公司还参与中国行业标准制定，以其全球化的视野提出未来产业发展方向，期求引领中国分析仪器发展方向。

（3）基础研究、核心技术研发在本土进行。

在科学仪器设备的生产制造中，有 90% 的技术是可以被掌握、被制造出来的，关键是是否具有相关的人才和经验，只有 10% 的技术属于高端技术、核心技术，具有垄断性，需要投入大量人力和物力进行研发。跨国公司将这些技术研发放在本土进行。日本岛津公司将基础研究放在本土的研究机构进行，其基础技术研究着眼于未来，以基础技术研究及新产品开发为目的，开展重要技术研究。安捷伦科技有限公司的核心技术研发也在美国本土进行。

（4）与中国大学和研究机构合作，收购大学教授的研发创意。

跨国公司以多种形式与国内一流大学和业内领先科研机构建立长期合作关系。主要包括：捐赠仪器设备、联合建立实验室、专项资助科研项目、资助贫困学生完成学业、接受学生实习及设立博士学位奖学金等。其中，利用大学优势资源，建立联合实验室是长期合作的主要方式。

安捷伦科技（中国）有限公司与大学建立的联合实验室，立项题目多由实验室的教授提出，双方讨论确定，题目不是针对跨国公司的需求，但与跨国公司的业务相关。项目研究不是功利性的，不申请知识产权，项目研发周期为一年左右，支付研发经费 2 万至 3 万美金，每年支持若干个项目，主要目的是收购大学教授的研发思想。赛默飞世尔科技（中国）有限公司与大学的合作，没有非常明确的产出目标，旨在了解大学的科研前沿，了解大学的科学发现。与中科院的合作，主要是对研究机构拥有的发明专利感兴趣。日本岛津分析技术研发（上海）有限公司，与中国大学和研究机构合作开展与质量分析相关的基础技术研究。通过联合实验室的建立，岛津与中国业界的众多顶尖科学家针对中国的热点应用课题展开广泛深入的研究。跨国公司在中国，早期是利用产品赚钱，现在是利用中国的人力资源、知识资源赚钱。

（5）设立生产制造基地，不仅供应中国市场，还供应全球市场。

为了快速响应中国市场需求，削减生产成本，缩短交货期，提高生产效率，同时也为进一步研发适合中国市场的产品打下基础，跨国仪器厂商在我国建立本地化的生产制造基地。

岛津国际贸易（上海）有限公司从 1998 年开始在苏州建立生产制造基地，截至 2009 年已建四家工厂，其中一家为合资，其余三家均为独资建立。四家工厂分布在北京、天津、苏州和宁波，分别生产医疗设备、液压设备、分析仪器、环境监测仪和真空泵。独资企业 100% 导入岛津制作所的生产技术和品质管理体制，关键零部件在日本加工，其他在中国采购。现在已经成为岛津制作所的全球生产基地之一，分析仪器产品 70% 供应国内市场，30% 供应美国和欧洲市场，同时为国内和国外的客户提供高品质和完善的服务。为满足中国用户的需求，对产品生产线进行了扩充，加强了质量保障体系的建设。

赛默飞世尔科技（中国）有限公司从 2000 年开始在我国建立生产制造基地，截至 2009 年已独资建立了六家工厂，其中上海三家，香港、北京、兰州各一家，实现了大部分产品的本土化生产。主要产品包括：环境监测仪器、科学仪器、过程仪器、气相色谱，液相色谱、原子吸收和紫外等实验室常用的量大面广的科学仪器。这些产品除了供应本地，还面向全球市场。在上海生产实验室玻璃制品，北京工厂生产生物培养基。其液体培养基产品稳居国内市场第一位。

安捷伦科技（中国）有限公司从 1995 年开始在我国建立生产制造基地，截至 2009 年已建立三家工厂，分布在上海、北京和成都。1995 年在上海建立的安捷伦科技上海有限公司，主要针对生命科学和化学领域的需求，目前，它已成为安捷伦科技生命科学与化学分析仪器事业部全球第三大研发生产制造基地，从事面向全球市场的产品研究、开发和生产制造。其下辖的针对生命科学和化学分析市场的制造/研发中心，在安捷伦科技公司产品研发中有着十分重要的地位，其自行研制的专为发展中国家市场设计的气相色谱仪，设计能力与国际接轨，产品行销全世界。1997 年成立的安捷伦科技软件有限公司（中国），面向中国和全球市场开发设计，面向多种通信领域的先进软件，主要针对中国和亚太地区客户的独特需求进行产品设计和开发。安捷伦科技（中国）成都公司是安捷伦测试与测量业务全球战略不可分割的重要组成部分，将安捷伦的领先技术和管理引入中国，并以更专注的方式来满足本地客户的需求，同时还面向全球客户。

4.2 对我国科学仪器设备产业的影响

4.2.1 垄断高端产品市场，向中低端产品渗透，挤压我国科学仪器企业的生存空间

跨国公司在我国销售的高端产品，如质谱仪等均从本国进口，在我国生产的产品均为量大面广的中低端科学仪器，其主要特点是针对中国市场的需求。安捷伦科技（中国）有限公司，专门雇佣一批市场工程师，了解中国市场的需求，还建立面向中国市场需求的应用技术实验室，专门生产中国市场需要的产品并开发相关检测技术，例如，生产的气相色谱仪、煤矿安全检测仪等都是针对中国市场的需求。跨国公司在我国生产的产品的第二个特点是高性价比。岛津国际贸易（上海）有限公司在我国生产的气相色谱仪、液相色谱仪，将自动控制改为手动控制，价格

下降而功能不受影响，且成本比我国同类仪器低廉，稳定性强、精度高，因此影响到中国企业的产品销售。跨国公司不仅垄断了高端产品市场，还抢占原来属于我国科学仪器企业的中低端产品市场，挤压我国科学仪器企业的生存空间。

4.2.2 建立本地化团队，争夺人才

跨国公司在我国大学设立奖学金和实习生项目，实行校园招聘计划，吸引许多优秀人才加盟其中。在根植于中国市场的战略下，跨国公司培养了大批的本地化管理团队和研发团队，推动其在中国业务的发展。该做法实际上是在与我国研究机构、企业争夺人才，许多高端人才因此而流入跨国公司。

4.2.3 难以产生直接的技术溢出

跨国公司与我国科学仪器生产企业是竞争关系，不可能将技术卖给国内企业，因此，不可能产生主动的技术溢出。科学仪器研发涉及物理、化学、电子、机械等学科，缺少任何一个学科，研发都不可能获得成功。跨国公司的科学仪器研发采用分散式结构，因此，单个技术人员的流动难以带走关键技术。跨国公司提供全方位的服务，包括技术解决方案，实验室设备和耗材，而这些均属于核心竞争力。由于用户购买的是一个品牌，而不是单一的技术。因此，跨国公司对我国科学仪器产业难以产生直接的技术溢出。

4.2.4 间接技术溢出方式——质量保证体系的影响、人才流动和全球化视野

跨国公司的技术溢出主要是通过其质量保障体系和产业供应链，对我国科学仪器产业产生影响。跨国公司建立了全球研发和生产体系，同时也建立了全球供应链。其在中国的生产基地，需要在本地采购零部件，

而全球供应链的质量保障体系同样适用于中国，例如，跨国公司对零部件表面处理的要求及对机械加工的要求，会对我国科学仪器产业产生促进作用。其次是通过人才的流动，可将跨国公司的管理理念带入我国科学仪器企业，促进我国科学仪器企业管理水平的提高；第三是跨国公司的研发基地提供了一个与全球连通的渠道，通过这个渠道可以把中国与世界其他用户、技术连接起来。可以说跨国公司以其全球化的视野影响着我国科学仪器产业的发展方向。

5

科学仪器设备自主创新与产业化的

规律与特征 *

* 本部分内容参阅：李文军. 当前我国科学仪器设备产业共性技术创新组织模式研究 ［D］.
中国科学技术信息研究所，2010 年. 8 – 13.

科学是从测量开始的。科学仪器是信息的源头，是信息产业的重要组成部分，是经济社会发展的支柱性、战略性产业，对促进国民经济、科学技术、公共安全、国防建设的发展都具有巨大的推动作用。现代科学仪器既是知识创新和技术创新的工具，也是创新研究的主体内容之一和创新成果的重要体现形式，许多学科分支都是以某种科学仪器的发明而发展起来的。科学仪器及其技术是现代科学与工业的基石。科学仪器的发展水平标志着国家创新能力和科学技术发展的水平。

近年来，随着信息科学、生命科学、材料科学、纳米科学等学科的深入发展，世界科学仪器学科及其相关技术也得到迅猛发展，新技术异彩纷呈，新产品不断涌现，科学仪器向微型化、智能化发展。另一方面，全球经济和社会发展不断对技术和仪器提出许多新的需求，使科学仪器研究和应用进入一个前所未有的高速发展期。为了对科学仪器创新有更深入的了解，我们从创新源、创新过程和创新风险三方面对其进行简要的论述。

5.1 科学仪器创新的创新源为用户，用户创新是科学仪器创新的最显著特征

长久以来，理论界和实务界都认为，创新产品是制造商开发的。制造商们首先让企业的市场研究部门去倾听消费者的声音，寻找新的需求，之后让研发部门在企业内部寻找解决问题的方案，完成产品的研究和开发，并让生产部门进行样品制造，再让市场部门将创新产品推广，实现创新的市场化。然而，现在看来，这一观点常常与现实不符。实际上，有些领域是用户（产品使用者）开发了大多数创新产品；也有些领域，

产品部件和材料供应商是主要创新者；当然还有些领域的情况与传统观点相符，即产品制造商确实是典型的创新者。

5.1.1 用户是科学仪器创新领域的主要创新者

美国麻省理工学院教授冯·希普等人对科学仪器、半导体工艺和印制电路版工艺等领域的创新活动进行过多年的实证研究，他们发现，用户是这些领域的主要创新者。

科学仪器是科学家和研究人员用来搜集和分析数据的工具，属于电子工业的常用设备。这一领域，作为用户，研究人员和科学家开发了100%的初始创新，82%的重大创新，以及一半以上的渐进性创新①。

商业实践也证明，科学仪器领域率先创新的用户就是创新者。首先，大多数仪器制造商声称，他们的商业化产品确实是建立在用户创新的基础之上；其次，制造商推出的科学仪器创新中，有78%与用户最初的产品原型有着相同的技术原理。

5.1.2 科学仪器创新的基本方式

科学仪器创新表现为三种基本方式：一是用户为解决实验难题而开发了重大创新，随后用户或制造商将创新快速推向市场；二是制造商以用户创新原理为基础，对创新进行重大改进并将其推向市场；三是用户根据自身的体会对产品进行翻新改进②。

5.1.3 科学仪器创新被称之为用户创新，创新主体集中于领先用户

与典型用户相比，领先用户具有两个显著特征：①他们在重要的市

---

① Annamoria lnzelt. The Evolution of University-industry-government Relationships During Transition. Research Policy, 2004（33）：975～995

② 国家科技基础条件平台建设战略研究组. 国家科技基础条件平台建设战略研究报告[M]. 北京：科学技术文献出版社，2006

场趋势中，领先于用户总体主流，他们所遇到的新产品或服务的需求比市场上大部分人早几个月甚至几年；②领先用户通常能主动提出可以满足自己需求的解决方案，并且期望从解决方案中获取相对较高的收益①。

科学仪器的创新者大多是大学或者研究院所的研究人员和科学家。这些创新者不仅开发了许多重大创新，而且还积极扩散创新。比如，研究人员经常发表利用自制新仪器所取得的研究结果以及这些装置的制作细节，并通过会议和访问其他实验室传播创新信息。这样，其他科学家就可能复制这些设备、发表利用这些设备得到的数据，市场上就可能出现商业化的新型产品。

5.2 科学仪器创新是一个复杂的交互性过程，用户主导、多次反馈

5.2.1 传统创新模式和用户创新模式的比较

传统的产品开发模式通常需要制造商和用户之间不断反复试误：制造商研究现有市场的典型用户（非领先用户），由于用户需求的"粘滞性"，只能获取不完全的、仅仅是部分正确的需求信息并据以开发原型，然后由用户试用，找出缺陷，提出修改需求反馈给供应商，这个过程不断持续循环，直到出现一个满意的解决方案。这样的一个模式一再被证明是低效、成本高昂、非常耗时的，并且绝大多数的这种创新会失败。与领先用户的协作是一个很有前途的创新替代方案，省时、低成本；而且，由于领先用户的需求领先性，他们的创新产品通常具有很大的商业

---

① Hamle G. Competition for Competence and Inter-partner Learning Within International Strategic Alliances. Strategic Management Journal, 1991（12）：83～104

潜力。制造商在用户创新的基础上，利用设计和工程专长提高设备可靠性、便利性，完成产品制造、营销和销售活动（图5.1）①。

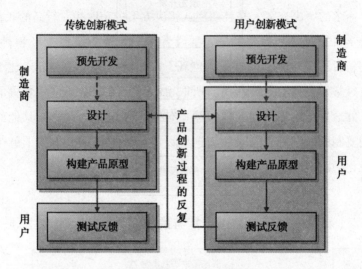

图5.1　两种创新模式的比较

基于上一节中对科学仪器创新源的分析，我们认为，与其他用户创新模式不同，科学仪器创新大多基于科学家满足自身研究的需要，所以在科学仪器的预先开发阶段，依然是用户在发挥主导作用，而制造商似乎还尚未介入或作用甚微（图5.2）。

5.2.2　科学仪器创新的逻辑过程

我们对科学仪器创新过程从逻辑上可分为如下阶段②（图5.3）。

（1）创新设想的形成阶段。

创新设想的形成主要表现在创新设想的来源和创新设想形成环境两

---

① 张杰军，周程，郑健. 企业技术创新取得重大突破所需条件分析. 中国科学技术发展战略研究院，2009

② 朱良漪. 科学仪器的前沿技术、自主创新和应用. 现代科学仪器，2006（6）：3～11

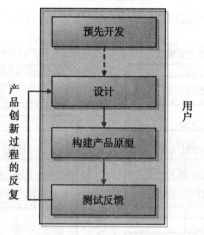

图 5.2　科学仪器创新模式

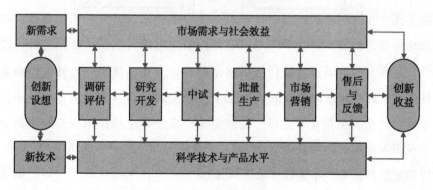

图 5.3　科学仪器创新的过程

个方面。创新设想可能来自科学家或从事某项技术活动的工程师的推测或发现，也可能来自市场营销人员或用户对环境或市场需要或机会的感受。与一般性的技术创新，创新设想产生于产品制造商不同，科学仪器创新设想更多地来源于使用科学仪器的用户。创新设想的形成环境主要包括技术环境、市场环境、宏观政策环境、经济环境、社会人文环境、政治法律环境等。

（2）调研评估阶段。

对筛选出的创新设想进行技术、市场、经济、组织管理等方面的调研，在调研的基础上做出立项决策，确定继续研究开发的项目。目前这种立项决策方式已经为多阶段评价决策方式所取代。

（3）研究开发阶段。

研究开发阶段的基本任务是创造新技术，一般由科学研究（基础研究、应用研究）和技术开发组成。一般性的技术创新主要由制造商企业完成；而科学仪器的研究开发可能由科学家（即用户）本人或制造商企业完成，或二者共同完成。科学家进行研发主要是为自己的前沿研究服务，而企业从事研究开发活动的目的是很实际的，那就是开发可以或可能实现实际应用的新产品，即根据本企业的技术、经济和市场需要，敏感地捕捉各种技术机会和市场机会，探索应用的可能性，并把这种可能性变为现实性。研究开发阶段是根据技术、商业、组织等方面的可能条件，对创新设想形成阶段的计划进行检查和修正。

（4）中试阶段。

中试阶段的主要任务是解决从技术开发到试生产的全部技术问题，以满足生产需要。小型试验在不同规模上考验技术设计和工艺设计的可行性，解决生产中可能出现的技术和工艺问题，是科学仪器创新以及所有技术创新不可缺少的阶段。

（5）批量生产阶段。

按商业化规模要求把中试阶段的成果变为现实的生产力，生产出新产品，并解决大量的生产组织管理和技术工艺问题。科学仪器对可靠性、稳定性等指标要求较高，在批量生产阶段尤其要注重质量，严格质量管理。

（6）市场营销阶段。

创新成果的实现程度取决于其市场的接受程度。本阶段的任务是实现新成果所形成的价值与使用价值，包括试销和正式营销两个阶段。试销具有探索性质，探索市场的可能接受的程度，进一步考验其技术的完善程度，并反馈到以上各个阶段，不断改进与完善。市场营销阶段实现了技术创新所追求的经济效益，完成科学仪器创新过程中质的飞跃。

（7）售后服务与反馈改进。

在顾客购买后，通过建立服务网点向顾客提供售后服务，如产品保养、维修，常见故障解决等。同时，认真听取顾客对产品外观、性能等的评价及与同类产品比较，为进一步改进产品的研究设计提供信息。

在实际的科学仪器创新过程中，阶段的划分不一定十分明确，各个阶段的创新活动也不仅仅是按线性序列递进的，有时存在着过程的多重循环与反馈以及多种活动的交叉和并行。下一阶段的问题会反馈到上一阶段以求解决，上一阶段的活动也会从下一阶段所提出的问题及其解决中得到推动、深入和发展。各阶段相互区别又相互联结和促进，形成科学仪器创新的统一过程。

5.3 科学仪器创新与一般产品创新相比，具有更高投入、更高风险的特征

风险，是一种损失的不确定性。为使创新行为获得更大的社会效益和经济效益，科学仪器的创新必然涉及产品的市场化问题，所以它同样面临着高技术创新所存在的风险。因此，对科学仪器创新风险进行分析，对科学仪器创新管理具有重要意义。

科学仪器创新过程中将会面临大体四类风险：技术风险、市场风险、组织管理风险和外部环境风险① （图5.4）。

5.3.1　技术风险

创新技术能否成功不确定。一项技术能否按预期的目标实现其应达到的功能，在研制之前和研制过程中难以确定，因技术上失败而使创新终止的例子屡见不鲜。科学仪器创新涉及的都是各学科最前沿领域的知识与技能，由于技术的不确定性所带来的风险更加突出。

（1）技术前景风险。

新技术在诞生之初都是不完善的，对于在现有技术知识条件下能否很快使其完善起来，开发者和进行技术创新的企业都不敢确定，因此，创新往往面临着很大的风险。

（2）产品生产风险。

科学仪器创新对配套材料的要求尤为严格，如果产品开发出来后，由于配套材料和生产工艺的限制而不能成功地批量生产并推向市场，这也将增大产品生产风险。

（3）技术进步风险。

由于技术进步迅速，使创新成果极易被更新的技术产品替代；如果更新的技术比预期提前出现，原有技术将蒙受提前被替代甚至被淘汰的风险。

5.3.2　市场风险

市场风险是指在科学仪器创新市场化的过程中，市场主体从事经济活动所面临的亏损的可能性和盈利的不确定性。主要表现在：

---

① 陈耀. 战略联盟：产业创新中的机会开发者［J］. 扬州大学学报，2003（7）：59～63

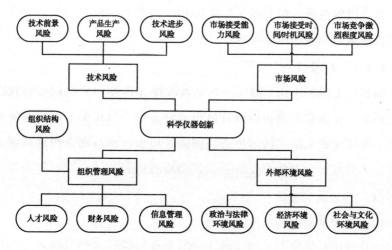

图 5.4　科学仪器的创新风险

（1）市场接受能力风险。

新仪器在推出后，顾客往往对其可靠性和稳定性持怀疑态度甚至做出错误的判断，从而对市场能否接受及能接受多少难以做出准确估计。

（2）市场接受时间与时机风险。

创新产品的推出时间与诱导出有效需求的时间存在时滞，如时滞过长，将导致企业开发新产品的资金难以收回。相反，新仪器不能适时推向市场，又可能被竞争对手抢先。所以，企业应把握合适的市场时机。

（3）竞争激烈程度风险。

如果市场竞争过于激烈，形成供过于求的局面，预期利润则很难达到。

5.3.3　组织管理风险

（1）人才风险。

创新执行者是否具备应有的素质；关键的技术人才、市场营销人才和管理人才能否获得；以及对人才进行激励和管理的机制是否完善，都属于人才风险范畴。科学仪器创新需要大量高水平的交叉学科人才，应大力加强该方面人才的培养。

（2）财务风险。

是指由于资金不能及时供应而导致创新活动某一环节中断的可能性。科学仪器创新需要的资金较大，且每个环节都不能中断，必须保证资金供应，才能使创新活动持续下去。创新主体由于出现财务困难或融资渠道少，无法筹措到创新需要的资金就会导致创新终止，或者失去最佳创新时机。

（3）信息管理风险。

对外部信息搜集不足，如对用户需求和科学技术的发展等外界信息缺乏足够的收集和分析，创新主体将无法确立创新项目或立项不准确。内部信息沟通不畅，在创新的各环节间如果内部信息沟通不畅，则可能导致最终的创新失败。

（4）组织结构风险。

适合的组织结构可以使创新所需的各种资源进行适当的组合，从而使创新活动顺利进行；而不合适的组织结构会导致职责不清、内耗严重，从而使创新活动缺乏必要的资源，最终导致创新失败。

5.3.4 外部环境风险

（1）政治与法律环境风险。

国家政局的稳定、政策的连续性会影响技术创新；国家在不同时期的发展目标和社会需求决定了技术创新的方向；法律法规的变化也会给创新行为带来影响。

（2）经济环境风险。

创新主体所处的经济环境的状态，一方面影响市场需求和购买力；

另一方面也会对融资成本、融资方式和生产要素的供应产生影响。

（3）社会与文化环境风险。

其泛指一切社会和文化因素引发的技术创新风险，如人口数量、文化传统、宗教信仰、民族特点等因素。另外，自然灾害的发生，如洪水、地震、战争等不可抗力的发生给技术创新带来的风险也无法回避，创新主体可以通过保险等方式对此类风险进行转嫁。

以上我们对科技仪器创新成果产业化过程中可能出现的风险进行了剖析，目的在于针对风险采取措施，建立科学有效的风险降解机制，及时把不利因素转化为有利因素或分散化解风险，从而使创新行为获取最大的收益。

5.4 结论

当今科学技术飞速发展，能否取得重大前沿领域的新突破、新成果，很大程度上取决于是否有最先进的科学仪器设备。我们在正确认识科学仪器创新特征的基础上，希望能对以下方面加以关注。

首先，正确认识用户在科学仪器创新中的主体作用。用户创新是科学仪器创新的最显著特征，仪器制造商应注重和用户，尤其是领先用户的合作，及时发现他们有价值的新需求、新设想，并努力将其产品化、市场化，从而获得更好的经济效益和社会效益。同时，仪器制造商和用户良好的合作，可以使用户在设计产品原型之初就更好地了解批量生产的要求，从而增加科学仪器市场化的可能性。

其次，尊重科学仪器创新的客观规律和过程。在捕捉到有价值的创新设想的同时，认真做好仪器市场化前的调查研究工作，确定市场化的可能性和应用前景。在后续工作中，做好组织管理工作，并及时反馈意见和问题，保证科学仪器创新的顺利进行。

第三，正视科学仪器创新中存在的各种风险和问题，采取有效的风险降解措施。尤其应注重加强技术水平的提高和人才的培养，为科学仪器创新提供有力的基础保障。

6

国际科学仪器设备创新的趋势与经验

6.1 国际科学仪器设备的发展趋势

6.1.1 科学仪器设备技术发展多样化趋势越发显著

全球科学技术的飞速发展，加快了科学仪器新技术、新成果出现的速度。目前，科学仪器已远远超出以往"光机电一体化"的内涵，除了引入计算机技术，还加入了日新月异的高新技术，如纳米、MEMS、芯片、网络、自动化、免疫学、仿生学、基因工程等高新技术；同时，一些高精尖的军用技术已经逐步向民用技术转移，极大地提高了科学仪器的技术水平和更新换代速度。

当今科学仪器发展总体上呈现出如下趋势：一是常规科学仪器向多功能、自动化、智能化、网络化方向发展；二是生命科学仪器向原位、在体、实时、在线、高灵敏度、高通量、高选择性方向发展；三是用于复杂组分样品检测分析的科学仪器，面向联用技术方向发展；四是用于环境、能源、农业、食品、临床检验等国民经济领域的科学仪器，向专用、小型化的方向发展；五是样品前处理科学仪器向专用、快速、自动化方向发展；六是监控工业生产过程的科学仪器向在线、原位分析方向发展。

6.1.2 科学仪器设备产业发展趋势

一是 PerkinElmer、热电、安捷伦、岛津、布鲁克等科学仪器大企业集团主导着国际科学仪器市场；二是中小型科学仪器企业通常向"专、精、特"方向发展；三是通过并购和组建战略联盟，形成科学仪器大集团是国际科学仪器产业发展的重要趋势。

6.2　仪器设备企业技术创新取得重大突破所需条件分析①

本部分以国际一流的科学仪器企业——日本岛津制作所的田中耕一获诺贝尔化学奖为例，分析仪器设备企业技术创新取得重大突破所需要的条件。

自 1949 年汤川秀树获诺贝尔物理学奖以来，日本已有 12 人荣获诺贝尔自然科学奖（不含日裔获奖者）。这 12 人的获奖业绩大都是在高等院校或科研院所做出的，只有 2002 年的诺贝尔化学奖获得者岛津公司田中耕一是例外。田中之所以获得诺贝尔化学奖，主要是因为他发明了软激光解吸电离法并率先使用该方法成功地检测到了蛋白质分子的离子，为质谱仪在化工和生命科学中的广泛应用作出了重大贡献。

田中 1983 年从日本东北大学毕业后一直在岛津公司下属中央研发机构工作。他获奖时还是一个无研究生学历、无海外留学经历、无高级职称、无行政职务、无 SCI 论文的企业普通工程师。岛津公司当时也只不过是一个员工数不超过 3000 人，年销售额很少超过 1500 亿日元的中型企业。"普通"企业岛津公司何以能将田中这么一个"普通"大学本科毕业生推上诺贝尔奖领奖台的呢？我们通过分析岛津公司以及田中耕一的研发过程，来透视企业创新获得重大突破所需的条件。

6.2.1　追求卓越的创新文化传统

明治维新后，日本政府将文明开化、置产兴业、富国强兵作为基本国策，从西方高薪聘请了一批科技工作者来日本从事教学和生产指导。

---

① 本部分内容来自：周程，张杰军，郑健．日本岛津制作所何以能出诺贝尔化学奖得主．中国软科学，2009，7：75～82

1870 年，时年 30 岁的工匠岛津源藏被聘为舍密局（理化学教育研究机构）的科学器具修理工。在德国籍化学教师魏格纳等人的指导下，岛津源藏学会了很多科学器具的修理和制作技术，掌握了很多理化知识。随着近代教育的普及，日本国内对科学器具的需求越来越大。1875 年，岛津源藏在京都创办了一家以生产销售教学用科学器具为主的小公司，这就是今天岛津公司的源头。岛津源藏独立创业后生产的教学用科学器具受到了日本教育界的一致好评。岛津源藏于 1878 年试制成功载人氢气球，引起了社会轰动。他还于 1886 年开始出版发行《理化学的工艺杂志》，该杂志被认为是日本发行最早的科学期刊①。岛津源藏奠定了岛津公司研发与创新的文化基础。

后来岛津源藏的长子梅次郎继承了岛津公司的事业。梅次郎曾在英国特斯拉发明感应电动机的第二年（1884 年），在日本率先制成了特斯拉式感应电动机，时年梅次郎 16 岁。1896 年，梅次郎又在伦琴发现 X 光后的第二年使用自制的感应电动机试制出日本第一台 X 光机。后经不断改进，岛津公司于 1909 年在日本率先推出医用 X 光机，该型机一段时期曾垄断了整个日本的市场。在试制出 X 光机后不久，梅次郎又于 1897 年在东京大学教授的指导下，制成容量达 10 安培的蓄电池，并于 1903 年实现了工业用大型蓄电池的国产化。1920 年，梅次郎又发明了大量蓄电池电极用"易反应性铅粉制造法"。该项技术曾获英、法、德、美等多国专利，成了 20 世纪 20 年代日本技术出口的明星。梅次郎终其一生在国内外共取得了 178 项专利，被誉为日本的爱迪生和十大发明家之一。②

---

① 吉田八束. 日本はなぜノーベル化学賞につよいのか [M]. 东京：広文社，2003
② 島津製作所. 創造力あふれる近代科学技術の宝庫 [OL]. [2009–03–18]. http://www. shimadzu. co. jp/forest/mroom1. html

在两代技术出身的岛津的带领下，岛津公司逐渐营造出了一种以拥有"科学之心"为荣的创新文化氛围。即使是经历了第二次世界大战的洗礼，这种传承也没有改变。二战后，岛津公司本着"以科学技术回馈社会"的创业宗旨，于1947年开发出日本第一台电子显微镜，于1956年在日本首次研制出气相色谱仪。一个公司在一百来年的岁月里能创造出这么多日本第一，甚至是世界一流的产品与技术实属难得。人们有理由将岛津公司的创业发展史看成是一部以开拓创新精神不断向科学技术挑战的发展史。这种倡导科技创新、追求卓越的创新文化对包括田中耕一在内的每一位岛津人的价值取向和行事风格产生比较大的影响，并对岛津公司最终成长为世界知名的分析测试仪器和医疗器械制造商发挥了积极的作用，也为后来的田中耕一获得诺贝尔奖提供了创新文化土壤。

6.2.2 持续的技术积累与获奖有关的研究课题的提出

由于早在20世纪50年代岛津公司就已开始涉足光电式分光光度计、气相色谱仪、X射线分析仪等仪器的开发，并逐渐在光技术、图像处理技术、X射线技术三大领域形成了较强的竞争优势，所以在20世纪70年代激光技术开始实用化之后，岛津公司很想在此领域有所作为。他们最初并没有计划大搞激光技术的基础研究，只是想在激光技术的应用研究方面取得一些突破，替激光技术寻找一项新用途，为公司营建一个新的生长点。在这种思路的支配下，岛津公司最先想到的是瞄准德国和奥地利等国，研制新型激光手术器械。到这些国家实地考察后，发现激光手术器械短期内并无大规模实用化的可能，于是他们抛开自己熟悉的医疗器械研究领域，开始探讨研制塑料激光加工设备的可行性，经过研发并不成功，只好又折回自己熟悉的分析测试仪器领域，依据德国医生提出的糖尿病检测设想，研制一种用二氧化碳激光检测人体内的葡萄糖含量的分析仪器。再次碰壁之后，他们又转换战场，开始研制一种利用激光对金属、半导体乃至生物体的表面结构进行分析的装置，仍然是无果而终①。

　　尽管在激光技术的应用研究过程中遇到了一系列挫折，但是岛津公司仍然没有放弃。20 世纪 70 年代末，德国一家公司研制出一种激光解吸电离飞行时间质谱仪。虽然这种质谱仪被戏称为"物理学家们的玩具"②，离实用化要求还有距离，但是岛津公司获得这一情报后，并没有因为相关研究人员在激光技术应用研究方面经历了一系列挫折，花费了大量的研发经费而失去对他们的信任和支持。如果是申请外部研究资助的话，恐怕任何基金组织都不会再给这种屡败屡战的科研人员以新的资助。出于对激光技术应用前景的期许，岛津公司在前期研究基础上批准了为期两年半的"激光离子化微探针质谱仪的开发"项目。设置该课题的初衷是研制出一种既能检测无机物，又能检测有机物分子质量的激光解析电离飞行时间质谱仪③。拟研制的质谱仪要求具备三大特征：一是飞行时间型，而不是当时流行的四极杆型；二是采用激光解吸电离技术，而不是传统的化学电离技术或刚兴起的高速原子轰击电离技术；三是多功能，即用同一台质谱仪既能检测金属、半导体以及无机化合物，又能检测易挥发的和不易挥发的有机化合物。不难看出，对不易挥发、热稳定性差的有机物分子进行激光离子化处理当时并非课题的研究重点。

---

①　喜利元贞. 僚友にノーベル賞 [OL]. [2009 – 03 – 18]. http：//homepage2. nifty. com/kirislab/chap9_ sum/newNobel/question. html

②　Robert J. Cotter; A year in Baltimore. International Journal of Mass Spectrometry. 2004，231 (2~3)：ix‐x

③　现代化学编集グループ. 田中耕一氏とMALDI-TOF 開発——島津製作所研究グループを率いた吉田多見男に聞く [N]. 现代化学. 2003，(382)：24~31

1984年9月，"激光离子化微探针质谱仪的开发"课题到期。尽管课题组基本完成了预定的各项研究任务，但是他们开发出来的多功能质谱仪与德国产品相比并没有太大的优势。在激光技术应用研究领域，岛津公司已经投资了大量经费，并形成了一定的技术积累，尽管当时研制出来的多功能激光解析电离飞行时间质谱仪不具有太大的商用价值，公司决定不组织生产，但仍继续探索这一成果可能的应用方向。再有，时值高速发展的生化制药工业以及生命科学研究都渴求高分子有机化合物质谱分析装置早日问世，因此，岛津公司不再局限于多功能需求，决定集中精力攻其一点，解决不易挥发、热稳定性差的高分子有机化合物分子的激光解析电离与质量分析检测难题①。1984年10月，岛津公司高层决定启动"使用激光离子化法的高分子离子的生成及其测定技术研究"课题。这一后来取得了诺贝尔奖级成果的课题正是得益于此前数年的研究探索、技术积累和对市场需求的准确把握。如果没有此前的众多挫折，岛津公司就不可能适时地将主攻目标调整到高分子有机化合物分子的激光解吸电离问题上来。可以看出，持续的技术积累以及对深具研究价值的课题持续不断地资助何等重要。而对技术创新方向的选择，企业比政府更具有发言权。

6.2.3 围绕战略目标，科学分工与团队作战

发现深具研究价值的课题固然重要，但这只是问题的一个方面。研究目标明确之后，最为重要的是研究团队的组织和运营。岛津公司1982年4月启动激光离子化多功能质谱仪研究项目时，项目组成员只有三人，项目组组长由最初提出该研究设想的吉田多见男担任。他曾于1976年获

---

① 吉田多見男，田中耕一等．たんぱく質が壊れずに飛び出した!![J]．応用物理．2003，72（8）：999～1003

大阪大学基础工学院博士学位，主要从事红外和远红外激光研究，时年34岁。另外两名成员是吉田佳一和秋田智史。1983年4月，岛津公司又为项目组录用了两名科研人员，这支五人团队的特点是：年轻，平均年龄不到30岁；学历有高有低，其中博士一人，硕士、学士各二人；学科分布广，有主攻激光的，也有学理论物理和应用物理的，还有学生物工程和电气工程的。

与众多项目研究一样，岛津的激光解吸电离飞行时间质谱仪研究团队也对研究内容进行了科学的分解，并根据课题组成员的专长进行分工。但与其他项目不同的是，质谱仪研究团队将课题拆包之后，并没有像目前风行的那样，一人领一个子课题，彼此独立地展开研究。相反，他们分工不分家，除每周集中召开一次研究例会外，每月还要集中召开一次书面总结交流会，以便及时沟通信息，交流经验，相互启迪，共同进步[1]。这种适度竞争、注重合作，且非常重视团体绩效而非个人利益的团队组织方式对刚来岛津的田中耕一帮助极大。实际上，导致田中后来发明蛋白质软激光解吸电离法的关键之一——使用钴超微粉末作基质的想法，就是由应用物理专业出身的吉田佳一在田中实验受阻时提出来的。类似的事情在研究过程中时有发生。如果课题组成员之间缺乏交流与合作，甚至互相排挤，彼此争功，那么年龄最小、学历最低、资历最浅的田中在这样的科研环境中将很难有所作为。

研究物质的性质，有必要弄清其分子结构，而要弄清物质的分子结构，必须先弄清分子的质量，这样能否获得单个分子或单个分子的离子便成为关键。分子量小的物质，其分子离子很容易获得；分子量大的物质，如果容易气化挥发，其分子离子也不难获得。问题是分子量大且不

---

① 田中耕一. 生涯最高の失败［M］. 东京：朝日新聞，2003

易挥发的高分子有机化合物，如蛋白质分子，我们很难获得其单个分子或离子。当时，田中在项目组中承担的任务是，使用高能脉冲激光照射试样，使试样中的分子摆脱其他分子的吸力而转化成单个分子，进而转化成离子，以便人们利用不同质量的离子在电场中飞行相同距离所需时间不同的原理对离子的质量进行检测。由于大分子在接受激光照射过程中很容易断裂成分子碎片，所以有必要在试样中添加一些基质。田中他们把这种方法叫做软激光解吸电离法。

田中耕一的研究是与项目的另一任务"高分子离子测定装置的开发"相辅相成的。如果高分子离子测定装置的开发滞后，那么田中即便使用软激光解吸电离法成功地制成了高分子离子，也无法对其进行有效验证。高分子离子测定装置的开发，即飞行时间质谱仪实验装置的开发对田中的研究至关重要。田中所在的课题组为提高质谱仪实验装置的分辨率、灵敏度等性能采用了很多先进技术，如弯曲场反射技术、计算机计测与显示技术等。同时，飞行时间质谱仪实验装置的开发仅靠课题组成员的努力是不够的。因为课题组成员能拿出飞行时间质谱仪实验装置的设计方案就已经很不容易了，若还要他们亲手加工制造、组装调试，那将是一项很难完成的任务。由于岛津公司蓄积了一大批技工和技术支撑人员，为了支援科研人员的研究，岛津专门成立了一个由熟练技工组成的"试作班"①。因此，科研人员在研究中遇到一些自身无法解决的装置加工制造难题时，可以交由"试作班"来协助解决。如果没有这支由熟练技工组成的、可随时协助进行设备装置装配与调试的技术支撑人员队伍，单靠科研人员的努力，对高分子离子进行有效检测的质谱仪实验装置的改

---

① 喜利元貞. ノーベル賞受賞者田中耕一氏を生んだ企業風土 [J]. 機械技術, 2003, 51 (10)：68~73

进将很难实现，田中的激光解析电离研究就很难获得突破。

田中发明蛋白质软激光解吸电离法的关键是，1985 年他在实验过程中，非常规地将甘油当成丙酮倒入盛有钴超微粉末的试管之中，并进而发现用钴超微粉末与甘油的混合液作基质效果非常好①。当田中发现了钴纳米粉和甘油混合液的奇特功效后，利用团队其他成员设计的、技术支撑人员试制的高性能的质谱仪实验装置，成功地对蛋白质分子完整地转换成的离子进行了有效检测。可以说，整个研究团队的全面支撑促成了田中的重大发明。

科学研究是一项复杂的系统工程，如果不能根据企业技术创新的规律建立起一套行之有效的团队管理运行机制，很多研发努力必将是低效的。田中的成功得益于岛津建立了一套有特色的团队管理运行机制。这套机制的特点之一是，打破学科建制壁垒，按集成各项技术的战略需要组建研究团队；二是团队成员之间充分、及时进行实质性的科研进展与信息交流，互相为其他人的研究提出建议；三是注重技术支撑队伍的作用，实验用仪器设备主要通过内部协作、自主创新来解决。正因为有了这样的创新管理运行机制，跨学科合作研究和重大原始性创新才可能成为现实。

6.2.4 遴选研究兴趣浓厚、坚韧不拔的创新人才

田中耕一在东北大学工学院学电气工程学，大学期间因德语考试不及格还留级过一年。这么一个在一般人看来专业不甚对口、学业不算优秀、曾被其他企业淘汰的应届本科生最终却被岛津公司录用了，并且一

---

① Koichi Tanaka. The Origin of Macromolecule Ionization by Laser Irradiation（Nobel Lecture，December 8，2002）［OL］.［2009 - 03 - 18］. http：//nobelprize. org/nobel＿ prizes/chemistry/laureates/2002/tanaka - lecture. pdf

来报到，便被安排到岛津中央研究所的高层寄予厚望的激光解吸电离飞行时间质谱仪项目组。很明显，岛津公司在识才用人方面有其独到之处。当时，分管激光解吸电离飞行时间质谱仪项目研究的岛津中央研究所负责人喜利元贞看好田中的一大原因是，田中超乎寻常地喜欢医疗器械开发这一行。也就是说研究兴趣是岛津公司选人的重要依据。

田中一直有学医、研发医疗器械的想法。毕业前夕，毕业论文指导教师告诉他，医疗器械和分析仪器生产商岛津公司需要人才。田中真诚地向岛津公司表达了自己想从事医疗器械开发以拯救更多患病母亲的愿望。这引起了相信"失败是成功之母、热爱乃成功之父"的岛津相关人员的注意。事实表明，如果不是发自内心地喜欢医疗器械和分析仪器开发这一行，经常面对成千上万次枯燥无味的试错筛选实验，田中很难坚持得下来。如果田中不能始终如一地做试错筛选实验，那么他就不可能于偶然之间发现钴超微粉末与甘油的混合液具有促进有机化合物分子激光解吸电离的功效。

田中在大学留级一事也没有成为他进入岛津公司的障碍，因为岛津公司明白田中留级并非智力因素造成的。上大学后的田中决定尽量多打点零工以减轻养父母的经济压力，由于在打工方面耗费了太多的时间，学业受到了影响，结果因大学二年级时德语课考试不及格而留级一年。这件事对田中的触动很大，此后，田中大幅增加了在学业上的时间投入，并以全系排名第三的优异成绩完成了学业①。显然，田中留级一事应视为富有责任心的具体表现，而不应看作是一个不光彩的记录。如果岛津公司在录用新员工时为了公司的面子不问青红皂白地将田中留级一事看作

---

① 安達三郎. 東北大学電気工学科時代の田中耕一氏 [J]. ぶんせき，2003，(6): 303 ~ 304

污点，那么岛津公司便失去了一个富有责任心和使命感的优秀员工。

至于田中所学的电气工程学与激光解吸电离法的开发关联不大一事同样没有被岛津公司视作多么严重的问题。田中专业学习阶段师从日本著名的电气理论专家、东北大学电气工程学系主任安达三郎教授。其毕业论文选题是"损失性介质与偶极天线阵列的组合对平面电磁波的吸收"。由于无线电波遇到高楼时会发生反射，致使电视接收机中出现重像，田中的研究旨在减少无线电波的反射，尽量消除电视机中的重像。田中的毕业研究与激光解吸电离法的开发关联不大，但两者之间也存在不少相似性。首先，电磁波和激光都是波；其次，两者都要解决波的反射与吸收问题。因此，从专业角度来讲，岛津录用田中，并安排其从事激光解吸电离研究并非毫无道理。

科学研究涉及面很广，如专业知识，研究方法，非智力因素等都会对研究结果产生影响。如果过分强调专业对口，忽视研究方法、兴趣爱好、责任心、使命感、坚韧不拔精神等因素的作用，反而会适得其反。岛津看到了教育背景以外的诸多因素的重要性，所以才没有淘汰田中，因而得以于 2002 年挤进拥有诺贝尔奖得主的企业行列。

6.2.5 对科技信息的及时跟踪与创新条件平台的支撑

利用高能激光束照射生化小分子使其转换成离子的研究报告初见于1978 年[①]，不久，西德的 Leybold Hereaus 公司便推出了激光束径只有数十微米的激光离子化微探针质谱仪（LAMMA），这是史上最早的飞行时

---

① M. A. Posthumus, P. G. Kistemaker, H. L. C. Meuzelaar and M. C. Ten Noever de Brauw; Laser Desorption-Mass Spectrometry of Polar Nonvalatile Bio-Organic Molecules. Analytical Chemistry. 1978, 50 (7): 985~991

间质谱仪①。然而，岛津公司的吉田多见男 1982 年初就捕捉跟踪到了这一重要的研究信息和产品信息，即使从 1978 年算起，也只有三年多一点时间。这在文献联机检索已经普及化的今天，也许算不了什么，但在 20 世纪 80 年代初，则称得上是一件惊人之举。

1982 年 4 月，岛津根据吉田多见男等人的提议启动了"激光离子化微探针质谱仪"的研制项目，1983 年 4 月，田中被安排到该项目组从事激光解吸电离研究。田中从事激光解吸电离研究之初，借鉴得最多的方法是高速原子轰击法（FAB）。而使用高速原子轰击生化小分子获取离子的方法 1981 年才取得成功②，添加液态基质，促使有机化合物气化电离的液态高速原子轰击法 1982 年后才取得重大进展③。很明显，高速原子轰击法和液态高速原子轰击法研究信息发表后不到两年，田中等人便敏锐地捕捉到了。

对科研人员来讲，没有什么事比能够及时获得最新文献资料和研究信息更令人兴奋了。因为及时占有相关文献资料和研究信息不仅有助于研究方向和研究课题的确立，而且还有助于研究路径和研究方法的选择。田中等人能够快速从外文文献中捕获大量有价值的科研信息，这是与日本企业及社会高度重视科技信息平台的建设分不开的。如果田中等人没有渠道及时捕捉和有效跟踪国际学术共同体的最新发展走向，那么他们就很难在软激光解吸电离法的开发方面作出世界一流的贡献。还有，在

① 太谷肇、佐藤浩昭. 田中耕一氏のノーベル化学賞受賞とその功績 [J]. ぶんせき，2002，(12)：668～671

② Michael Barber, Robert S. Bordoli, R. Donald Sedgwick and Andrew N. Tyler; Fast Atom Bombardment of Solids (F. A. B.)：A New Ion Source for Mass Spectrometry. *J. C. S. CHEM. COMM.*，1981. 325～327

③ 高山光男. ノーベル化学賞受賞に導いた "魔法のマトリックス" とは [J]. 蛋白質・核酸・酵素. 2003，48（1）：63～66

科学日益技术化的今日，实验材料和实验仪器设备的先进性几乎成了最新发现的物质保证。使用最先进的实验材料和仪器设备，即使是一个普通的科研人员，也有可能作出非凡的科学发现。最先进的实验材料和仪器设备靠金钱是很难买得到的，即使买得到，也需要花费很多时间。如果田中等人不是生活在工业技术基础雄厚的日本，而是在发展中国家从事生物大分子激光解吸电离研究，那么很难想象他们会取得如此重大的科技突破。

在模仿高速原子轰击法添加基质进行激光解吸电离试验的过程中，田中走了很多弯路。直到1984年7月，课题组成员吉田佳一提议采用易吸热升温的纳米材料金属钴的超微粉末（UFMP）作为基质后，田中的实验才取得了重大进展。欧美各国都是在1985年之后才从事纳米材料的研究开发，当时只有日本才能生产钴超微粉末这种被称作为"日本粉"的纳米材料。田中幸运的是，当他需要快速、高效吸热升温的金属超微粉末时，日本恰巧开发出了钴超微粉末。如果没有这种新型实验材料，或者有但买不到，那么田中不可能在1984年9月底结题前就发现钴超微粉末具有促进有机化合物激光解吸电离的功效。后续研究课题"使用激光离子化法的高分子离子的生成及其测定技术研究"就失去了启动的可能。

6.2.6 对我国的启示

岛津公司得以在2002年跻身于拥有诺贝尔奖得主的企业行列，主要是因为：首先，岛津公司是战略产业－科学仪器产业的重要企业，争创第一，追求创新已在公司内部蔚然成风，因此科研人员的开拓、进取、创新、超越意识普遍比较强。这种企业创新文化非常适合投入大、风险高的尖端科学研究的开展。第二，岛津公司适时地选择了一个生化制药工业以及生命科学研究都绕不开的既有理论研究价值又深具市场前景的课题。虽然在研究过程中曾屡战屡败，但由于岛津在该课题所涉及的诸多领域具有丰富的研究和技术积累，加之岛津围绕核心领域对课题研究的坚持不懈的持续支持，所以终获成功。第三，岛津公司根据企业技术创新的特点搭建起了一支平均年龄不到 30 岁的跨学科研究团队。该团队为紧密合作型研究组织，注重的是团体绩效。岛津还专门成立了一个由熟练技工组成的研发支持队伍，以配合科研团队维护保养、升级改造实验装置。这种强调团体合作研究而不是个人分散研究的科研管理方式有助于年轻科研人员的快速成长。第四，岛津公司突破了传统的人才观，大胆地录用了田中这位有浓厚研究兴趣、坚韧不拔、责任心强、热爱医疗分析器械研制工作的人才。第五，岛津公司注重竞争与科技情报的收集分析，同时可以获得日本科技信息服务平台以及国家工业技术基础的强有力的支撑。

在日本，符合下述五项标准的高新技术企业不在少数：拥有争创国内一流，乃至世界一流的组织创新文化；可以提出一个深具研究价值的课题，且自身在该领域拥有多年的研究积累；可以突破体制障碍组建一支富有活力的、紧密合作型的跨学科研究团队；能够延揽一批业务基础扎实、使命感强、热爱科研工作的专业人才；能够获得国家科技创新资源的强力支撑，如索尼、丰田、理光等。因此这些企业哪一天出现诺贝尔奖获得者，人们都不会感到惊讶。问题是，我国的高新技术企业，甚至是科研机构有多少符合这些标准呢？尽管这五项标准并非获诺贝尔科学奖的充要条件，但它们无疑十分重要，值得热切期盼在基础研究方面取得一批重大原始性创新成果的我国科技界引起高度重视。

通过对这一案例的解剖，我们认为有很多方面可供我国企业与政府决策借鉴。对于企业，第一，企业领导人以及高层管理者对创新的重视是决定一个企业发展方向的重要因素；第二，高科技企业发展战略的重点任务之一就是要植入并培育创新基因，在公司内部营造浓厚的创新文化氛围；第三，在充分把握市场需求的条件下，围绕战略发展目标，支持科技人员进行持续的研发活动；第四，注重客观评价研究人员的产出，打造有实质性合作精神的创新团队；第五，重视遴选具有研发兴趣和坚韧不拔精神的创新人才；第六，加强并注重对竞争情报，尤其是科技竞争情报的收集与分析，对企业培育核心竞争力至关重要。

对政府创新政策制定而言，第一，政府在对企业创新进行引导和支持时，应当充分尊重企业对技术发展方向的选择，因为企业最贴近市场，最能够准确地把握市场和技术创新的需求；第二，对企业研发支持方向需要转变，可以更多地采取后补贴而不是通过指南进行申报；第三，为企业创新搭建便利、有效的信息支撑平台，降低企业创新的风险和成本，为创新型的企业创造更好的环境是政府的重要使命；第四，应进一步重视创新方法和创新工具的研究，这一领域也是创新容易获得重大突破的领域，也是诺贝尔奖辈出的领域；第五，科学仪器是科学家研究的基本装备，是科学研究的"先行官"，也是整个工业生产和发展的基础，是典型的战略产业，应抓紧制定科学仪器产业发展的相关规划和政策。

7

我国科学仪器设备产业发展的基本

思路和可能模式

在市场经济条件下，科学仪器设备产业发展的主体是企业。但是科学仪器产业的特点及其重要性决定了在其发展过程中，政府必须给予引导、扶持和保护，发达国家的经验也证明了这一点。我国是发展中国家，科学仪器设备产业是幼稚产业，因此，在科学仪器设备产业发展中，政府的支持就更加重要。

在科学仪器设备产业发展过程中，政府主要是针对市场配置资源失效，或市场调节不够有效以及企业无力推进的行为，通过相应政策予以支持，推进科学仪器设备产业的健康快速发展。

7.1 政府推进科学仪器设备产业发展的内容和手段

7.1.1 加强部门协调，加快研究科学仪器设备自主创新国家战略，制定产业振兴规划

中央政府应建立强有力的科学仪器设备发展统筹协调机制，建立由政府综合部门牵头的科学仪器设备产业发展领导小组，负责组织研究制定科学仪器设备自主创新国家发展战略，以此为基础制定产业振兴规划，作为发展科学仪器设备产业发展的基本法规。科学仪器设备产业发展领导小组负责组织各相关部门商议审定有关国家支持科学仪器关键技术、高端产品国产化和产业化建设项目等立项的问题，提出支持科学仪器设备产业发展的相关税收优惠政策、成果应用政策、人才培养政策，等等。

7.1.2 加强科学仪器设备发展技术路线图研究

在经济全球化、新技术飞速发展的背景下，从国家利益出发，依据市场需求，预测技术发展动向，确定前瞻性、基础性和关键技术研发布

局，制订科技计划，确定我国科学仪器设备技术和产品的发展重点和阶段性目标，指导科技计划投资；整合企业、研究机构、大学重点应用领域的科技资源，加强国家创新系统的互动，促进科技成果转化。

7.1.3 加强科学仪器研发基地建设

科学仪器设备研制具有周期长、不可间断的特点。一种原创性科学仪器设备研制，从原理提出到形成成熟的产品，往往需要 10 ~ 20 年的时间，因此，科学仪器设备研发需要构建科学的开发体系、不同功能的开发机构，合理分工，系统开发，以保障创新的先进性、持续性和集成性。

（1）加强企业技术开发中心的建设，构建创新型企业。

企业是产品开发的主战场，因此，一定规模的企业应建立技术开发中心，大中型企业和企业集团应建立省市和国家认可的技术开发中心。技术开发中心的主要任务是开发新产品，关键再造工艺技术的研究和专用设备的研制，以及重要应用技术的开发。

（2）加快推进科学仪器设备产业技术创新战略联盟构建。

产业技术创新战略联盟是国家技术创新的重要举措，加快推动由行业内的创新型企业牵头，大学、科研机构参加的产业技术创新战略联盟构建。联盟构建可为科研机构科学仪器的原始性创新，搭建从样机到市场的平台；为科研机构、大学科学仪器的"自研自用"，转向为与企业联合研究创造条件；引导资金流向企业，充分发挥企业熟悉市场需求、科研机构研发力量强的优势；促进产学研有效结合，促进科技成果转化，提高科学仪器产业的核心竞争力。目前可以考虑在关系到自主创新战略实施和国计民生的领域，如质谱仪器、色谱、光谱仪器、食品安全检测和环境监测领域构建横向或者纵向的创新联盟。对科学仪器中的核心部件和共性技术进行创新攻关，以提升国家自主创新能力。

（3）加快建设一批国家重点实验室。

①推进学科综合交叉、相互融合的国家实验室建设。

科学仪器设备自主研发涉及众多学科的基础理论研究、前沿技术以及应用技术研究、工程化研究等方面，因此，我国应围绕创新的关键领域、共性通用技术以及计量标准等，着力推动学科交叉、基础研究和应用研究交叉以及产研交叉的综合性科学仪器设备国家实验室的建设。

②加快建设一批专业性国家重点实验室。

国家重点实验室是基础研究的重要基地。科学仪器的原始创新需要基础研究的持续推进，应围绕科学研究和国民经济建设，发展重点科学仪器设备、关键部件和核心技术，建设一批国家重点实验室，培养、稳定一批高水平的研发人才，开展共性关键技术的研究，增长科学仪器关键技术的辐射能力，推动产学研相结合。

（4）建设一批科学仪器设备工程化转化基地。

利用国家工程技术（研究）中心、国家工程实验室建设计划，建设一批仪器设备工程化基地，加强仪器设备工程化研究，搭建仪器设备共性、关键技术研究，核心部件研发公共平台，加速科技成果转化。国家工程技术（研究）中心、国家工程实验室建设应以企业为主导，借鉴国外各大仪器公司的发展经验，产业化的主角必须是企业，只有产业化才能使我国的科学仪器事业具有生命力。

7.1.4　创新科技计划资助模式

（1）持续、稳定地支持科学仪器设备研发基地，为重大成果的产生创造条件。

科技计划应平衡竞争性项目和稳定支持之间的关系。对科学仪器设备研发基地，应给予长期、稳定的支持，使基地能够在科学仪器设备研发领域进行不懈的探索；应培养一批领军人才，为重大成果的产生创造条件；要完善基地的绩效考核体系，以提高资金的使用效率。

（2）加强对基础性研究、关键共性技术研究、关键零部件研究和标准制定的资助力度；关键零部件项目验收应以产业化为目标。

中国科学仪器要实现跨越式发展，重要途径是加强原始性创新，只有拥有自主知识产权，才能占领市场。因此，应加强科学仪器新原理、新方法的研究。标准是保证科学仪器设备质量的技术依据，应加强标准制定经费的投入强度，标准的制定，需要企业与科研机构合作完成。

关键零部件不过关，严重制约了我国科学仪器设备产业的发展。科技计划支持的科学仪器设备研发，应从单项技术转向产业关键共性技术、关键零部件研发，以增强技术的辐射效应，减少国产仪器对进口元器件的依赖程度，同时提高国产仪器的稳定性和可靠性。"八五"以来，国家科技计划支持了一些量大面广科学仪器的研发，但时至今日，其性能指标与跨国公司相比，差距不是在缩小而是在扩大。原因是关键零部件问题一直没有得到解决。如气相色谱检测灵敏度没有达到国外30年前的水平，同时稳定性也差。国家科技计划不允许重复立项，然而，经过一次立项研发，有些关键零部件的性能指标依然不如国外，但通过努力有望赶上国外的，这类关键零部件应允许再立项。关键零部件研发不能仅仅停留在实验室阶段，研发成果要能够实现商品化，并得到市场认可。因此对该类课题验收应以产业化为目标。产业关键共性技术、关键零部件应由研究机构、大学和企业的专家共同认定，以贴近市场需求。

（3）支持产业技术创新战略联盟承担并组织共性技术研发。

由行业内创新型的龙头企业共同参与构建的联盟，对行业的发展方向和技术需求具有清晰的判别。考虑到行业内企业竞争的公平性和规范性，政府对产业共性技术的研发可以委托产业技术创新联盟进行组织实施，并保证政府资助项目成果在行业内的共享和扩散。在科技计划立项、确定新产品研发时，应增加来自联盟以及企业专家的话语权，以利于开发仪器设备的应用。

（4）加强科技计划管理，实施严格的问责机制。

发达国家科学研究与技术开发效率高的主要原因之一是选择合适的人员承担国家科技计划项目。我国科技计划项目立项评审应更加透明，以便选择合适的人选承担国家科技计划项目，提高科技资源的使用效率。如果没有选择最合适的人选承担国家科技计划项目，科技计划项目的管理者要承担相应的责任。如果项目承担者没有按照预期完成项目任务，要实行惩罚制，例如，三年内不能再承担国家科技计划项目等。

7.2 科学仪器设备产业发展战略

7.2.1 产业层面

（1）引导大企业做大、小企业做专，推进科学仪器产业集群的形成。

①大力推动企业兼并重组。

目前，全球范围内生产分析仪器的大企业不过十几家，而我国仅生产气相色谱的大企业就有50余家，生产液相色谱的企业有20~30家，在生产气相色谱的企业中，年最大销售量为80~100台，而日本岛津制作所在中国的年销售量为几百台；在生产液相色谱的企业中，年最大销售量为400台，多数企业在10~20台，日本岛津制作所在中国的年销售量在千台以上。由于销售量低于跨国公司，我国仪器的生产成本无法与跨国公司竞争。同样的仪器卖同样的价格，日本岛津制作所可以赚钱，我国企业却面临亏损。50 余家生产气相色谱的企业，在技术上均没有特殊优势，只能依靠价格恶性竞争，降低了企业利润，使企业研发投入乏力，这种局面如果不能及时改善，我国科学仪器企业将面临全军覆没的危险。

国内外不乏科学仪器生产企业通过兼并重组实现超常规发展的实例。美国赛默飞世尔科技有限公司是 20 世纪 80 年代末由美国原热电科技公司（分析仪器制造商）和飞世尔科技公司（试剂、耗材和服务提供商）通过资产重组而形成的一家超大规模的科学仪器及其相关产品和服务的供应商。热电科技公司自 1967 年上市以来已经有将近 250 宗的并购，它不断吸收新出现的拥有高新技术的中小企业加盟其中，网罗了众多品牌，通过对业界翘楚的整合，开发更加集成的技术，赛默飞世尔科技有限公司始终领跑于全球生命科学领域乃至分析科学领域。2009 年，赛默飞世尔科技有限公司在全球实现销售额超过 10010 亿美元。前不久，安捷伦科技公司耗资 10 亿美元并购拥有 2003 年诺贝尔化学奖得主约翰·芬恩的电喷雾离子化飞行时间质谱技术的美国 Analytical 系统公司。并购已经成为跨国公司发展壮大的手段。国内也有仪器公司成功并购的案例。如聚光科技公司，正是采取并购的发展模式仅用短短八年时间，已经成长为国内销售额名列前茅的民营科学仪器大企业。

并购可使企业站在更高的技术台阶上，并取得市场竞争优势，同时消除潜在的竞争对手。并购有利于改变我国科学仪器企业散、小、弱的状态，有利于形成综合实力强、技术和产品集成度高的骨干企业集团。国家应提供贷款、贴息贷款支持企业并购，引导企业做大作强。

②推动小企业做专。

推动小企业朝着专业化技术、专业化部件、专业化产品的方向发展。只有这样才能使大企业做大以后推动小企业的发展，小企业的专业化又会促进大企业继续做大。小企业的技术来源必须是也只能是小企业的创业者所掌握的特有的技术，这类创业者主要来源于高校、科研院所、用户或海外学子等，他们是技术的持有者，在这种情况下才有可能使小企业向专项技术、专项产品、专用仪器的方向发展，以适用于用户专门、特殊的需求。

（2）构建现代精密仪器加工制造基地。

精密加工能力薄弱是我国科学仪器产业发展的主要瓶颈之一，很多国产仪器在稳定性方面存在的问题，关键部件加工不过关是主要原因。目前，我国的仪器企业还不具备大量全球采购零配件的实力，导致我国仪器企业呈现"小而全"的落后生产方式，一套精加工设备国内企业很难独自负担。所以，构造精密仪器加工制造基地是当务之急，关系到国内科学仪器企业群体的利益。

（3）充分利用多元化投资方式，支持科学仪器设备企业发展。

支持具有竞争优势的科学仪器中小企业，通过中小企业板块，创业板块等渠道上市融资。

政府给予优惠政策，鼓励民间资本、国外资本、风险投资等流向科学仪器行业。通过吸收资本、增强技术实力、升级产品制造能力，达到增强企业竞争力，获得更多市场份额，实现规模经济效应的目的。

鼓励国有和国有控股科学仪器企业进行现代化企业股份制改革。在企业股份制改造中，可允许企业中有突出贡献的科技骨干、创新项目的主要完成者，以及优秀的经营管理者持有一定的股份或期权，以增强核心骨干员工的责任心，以及缩小核心员工与外资企业的收入差距，以利于国内企业吸引人才，留住人才。

7.2.2 产品层面

根据我国科学仪器设备生产长期以来不能满足科研和生产需求，中高档产品以进口为主，以及跨国公司垄断高档产品市场，向低档产品渗透的现状，制定发展量大面广的科学仪器产品、重点突破有资源优势和研发基础的高档科学仪器产品的发展战略。

（1）大力发展中档科学仪器产品，迅速占领市场。

跨国公司在中国生产的中档科学仪器产品的绝大部分零部件在中国采购、定点加工，只有2~3个关键零部件从国外进口，这些关键零部件不是中国不能制造，而是担心泄漏技术秘密。安捷伦科技（中国）有限公司、岛津国际贸易（上海）有限公司、赛默飞世尔科技（中国）有限公司均是如此。赛默飞世尔科技（中国）有限公司在中国生产的气相色谱仪只有三个关键零部件从意大利进口，其他全部在中国采购，而且是中国生产厂家生产，其在中国生产的大气环境监测仪厂家的管理者、工程技术人员和生产者均是中国人，零部件的供应商全部是中国企业或者是合资企业，这些企业做出了具有世界品牌质量的分析仪器。世界95%以上的气相色谱仪在中国生产，这些说明中国已经具备生产高品质中档科学仪器的能力。我国企业生产的中档科学仪器产品有一定的市场份额，但是面临跨国公司的激烈竞争，所以中国本土企业应利用跨国公司的管理理念、管理方式、零部件供应模式和管理人员，生产高品质的中档科学仪器产品，占领市场，抗衡跨国公司的挤压。

（2）利用优势资源，发展专用领域分析仪器及其系统。

国内高档常规通用分析仪器市场，几乎全被跨国公司垄断，不过由于国情的差异，尤其是中国特殊环境的需求，以及国内企业对国内市场的了解程度高于跨国公司，因此，国内企业可研究专用分析仪器，避免与跨国公司直接竞争。应重点发展农产品和食品营养成分检测、农药及残留检测、土壤速测等农业和食品专用仪器、海洋仪器、气象仪器、环境在线监测仪、生命科学仪器、航天仪器、煤矿安全检测仪和工业生产用等科学仪器。

（3）发展有自主知识产权的科学仪器。

在与跨国公司的竞争中，拥有完全自主知识产权的原子荧光技术及其产品获得了较高的市场份额。北京纳克分析仪器公司、聚光科技（杭州）有限公司开发了一批具有自主知识产权的分析仪器，应继续支持有自主知识产权产品的技术开发和标准研发，使其不仅占领国内市场，还要推动其走向国际市场。

（4）发展有一定研发基础的高档科学仪器产品。

发展高档科学仪器产品符合我国发展高端制造产业的发展战略，我国只有在高端科学仪器研究和制造上有重大突破，才能在世界科学仪器产业中占有一席之地，才能得到我国高端用户的认可。"十五""十一五"期间，国家科技计划设立了《科学仪器设备研制与开发》重大项目，支持了一批高档科学仪器的研发，如质谱仪、核磁共振技术等，有些项目已经开始产业化，"十二五"期间，应将这些项目作为产业化支持的重点。

（5）研发重大高档科学仪器的关键零部件。

多数高档科学仪器产品的国内需求量很少，比如大型串级高精度高灵敏度质谱仪、高倍数电子显微镜、高频率核磁等，依靠进口就可以满足需求。因为技术攻关的时机还不成熟，投入的结果往往是事倍功半。不过，可以投入经费研制攻关高档科学仪器产品所必须的核心关键零部件，等待时机。把有限的经费投入到量大面广的产品研发中，使每个项目的研发经费充裕，采取各个击破的战略，促进我国科学仪器设备产业发展，为国民经济发展作出更大贡献。

（6）加快发展科学仪器制造服务业，加强应用技术研究。

科学仪器制造服务业包括：为用户提供针对市场需求的技术解决方案，提供相应的软件服务，提供科学仪器产品的配套零部件、耗材等服务。加快应用技术研究，加快建立完善的销售服务体系，加快科学仪器制造服业发展，增强科学仪器产品的附加价值，增强企业的竞争力。

8

近期科学仪器设备产业发展的重点

领域和重点任务

8.1 科学仪器设备需求分析

8.1.1 科学仪器进口分析

本项研究选用光学仪器、实验分析仪器、大地测绘专用仪器和试验机类科学仪器描述我国科学仪器的进口情况（表8.1～8.3，图8.1～8.4）。

（1）科学仪器进口金额持续增长，其中光学仪器进口金额最高，实验分析仪器进口金额增长速度最快。

2005～2009年，光学仪器进口金额从34.99亿美元增长到37.08亿美元，年均增长率为1.46%，实验分析仪器进口金额从14.64亿美元增长到26.86亿美元，年均增长率为16.38%，大地测绘仪器进口金额从3.92亿美元增长到6.58亿美元，年均增长率为13.82%，试验机进口金额从3.51亿美元增长到4.71亿美元，年均增长率位7.63%（表8.1、图8.1）。

表8.1 2005～2009年主要科学仪器进口金额统计

（单位：亿美元）

种类	2005年	2006年	2007年	2008年	2009年	2005～2009年年均增长率（%）
光学仪器	34.99	35.76	38.38	43.64	37.08	1.46
实验分析仪器	14.64	16.34	18.00	24.76	26.86	16.38
大地测绘专用仪器	3.92	3.60	5.59	6.59	6.58	13.82
试验机	3.51	3.35	3.78	4.46	4.71	7.63

资料来源：《仪器仪表大行业主要经济指标》《中国仪器仪表行业信息（2006～2010年的第1期）》。

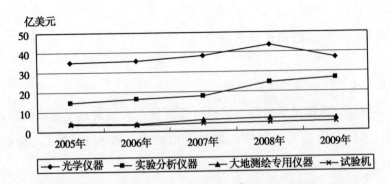

图 8.1　2005～2009 年主要科学仪器进口金额统计

表 8.2　2006～2009 年实验分析仪器进口金额统计

（单位：万美元）

种类		2006 年	2007 年	2008 年	2009 年	2006～2009 年年均增长率（%）
天平		1626.89	1868.32	2271.63	2150.86	9.75
气体或烟雾分析仪器		12557.08	15668.66	20405.36	18633	14.06
色谱仪和电泳仪	气相色谱仪	7756.58	9973.61	13969.53	16238.74	27.93
	液相色谱仪	10866.88	12033.8	17636.58	23129.5	28.633
	其他色谱仪	2514.87	2806.92	5137.84	5039.25	26.07
	电泳仪	1288.58	1346.47	2021.12	2029.54	16.35
	合计	22426.91	26160.8	38765.07	46437.03	27.46
使用光学射线的分光仪、分光光度计及射谱仪		19535.67	23206.46	27566.22	28206.74	13.03
使用光学射线的其他仪器及装置		15706.24	25198.41	34910.55	42656.1	39.52
其他质谱仪			17471.89	34792.63	37939.27	47.36
其他仪器及装置		91497.71	70432.21	88884.67	92580.55	0.39

资料来源：《仪器仪表大行业主要经济指标》《中国仪器仪表行业信息（2006～2010 年的第 1 期）》。

（2）在实验分析仪器中，与食品安全、环境保护、医药卫生相关的色谱、质谱、电泳仪等需求强劲，进口增幅大（图 8.2、图 8.3、表

8.2）。

2009 年，实验分析仪器进口总额为 26.86 亿美元，除去未列名的其他仪器设备，进口额最多的是使用光学射线的仪器，占 26.38%，金额为 7.09 亿美元，主要包括分光仪和分光光度计及射谱仪；其次是色谱仪和电泳仪，占 17.3%，金额为 4.64 亿美元，其中液相色谱需求量最高，为 2.31 亿美元；第三是质谱仪，占 14.12%，金额为 3.79 亿美元；第四是气体或烟雾分析仪器，占 6.94%，金额为 1.86 亿美元；第五是精密天平，占 0.8%，金额为 0.22 亿美元（表 8.2、图 8.2）。

按进口金额计算，在实验分析仪器中，进口金额增长速度最快的是质谱仪，2007 ~ 2009 年年均增长率为 47.36%，其次是色谱仪和电泳仪，第三是使用光学射线的仪器及装置，第四是气体或烟雾分析仪器，第五是精密天平。2006 ~ 2009 年，这些仪器的年均增长率分别为 27.46%、26.22%、14.06% 和 9.75%。在色谱仪中，液相色谱增长速度最快，2006 ~ 2009 年年均增长率为 28.63%（表 8.2、图 8.3）。

按进口数量计算，2006 ~ 2009 年，气体或烟雾分析仪器进口数量增长速度最快，其次是质谱仪，第三是使用光学射线的其他仪器及装置，第四色谱仪及电泳仪，这些仪器进口台数增长速度分别为 32.17%、21.32%、18.65% 和 15.38%。天平和其他仪器及装置进口数量出现负增长。2009 年，天平进口数量为 1.18 万台，色谱及电泳仪为 1.59 万台，使用光学射线的分光仪和分光光度计及射谱仪为 2.08 万台，使用光学射线的其他仪器及装置为 4.04 万台，质谱仪为 3605 台（表 8.3、图 8.4）。

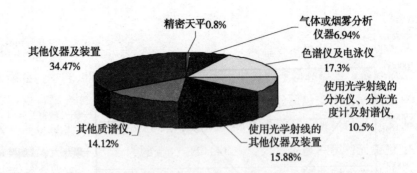

图 8.2　2009 年实验分析仪器进口额中各类仪器占比重

表 8.3　2006～2009 年实验分析仪器进口台数统计台

(单位：台)

种类		2006 年	2007 年	2008 年	2009 年	2006～2009 年年均增长率（%）
天平		14723	15750	25035	11831	−7.03
气体或烟雾分析仪器		111435	113965	123552	257309	32.17
色谱及电泳仪器	气相色谱仪	3292	3903	5076	5431	18.16
	液相色谱仪	3441	3497	4956	5866	19.46
	其他色谱仪	1005	923	1329	1298	8.9
	电泳仪	2582	2823	2751	3257	8.05
	合计	10320	11146	14112	15852	15.38
使用光学射线的分光仪、分光光度计及射谱仪		21336	39709	24633	20766	−0.90
使用光学射线的其他仪器及装置		24203	35082	37737	40431	18.65
其他质谱仪			2449	4310	3605	21.32
其他仪器及装置		1643125	975706	1266251	1185271	−10.32

资料来源：《仪器仪表大行业主要经济指标》《中国仪器仪表行业信息（2006～2010 年的第 1 期)》。

万美元

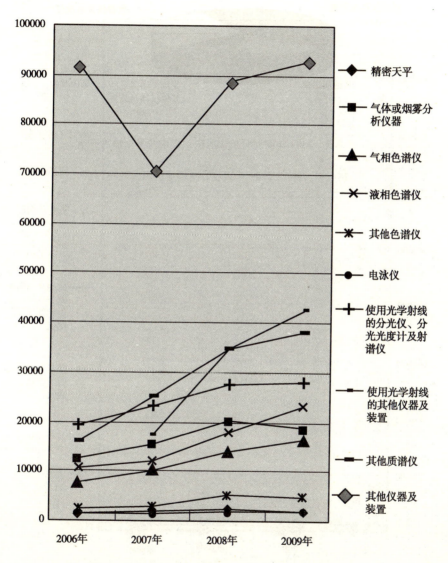

图 8.3   2006～2009 年实验分析仪器进口金额统计

台

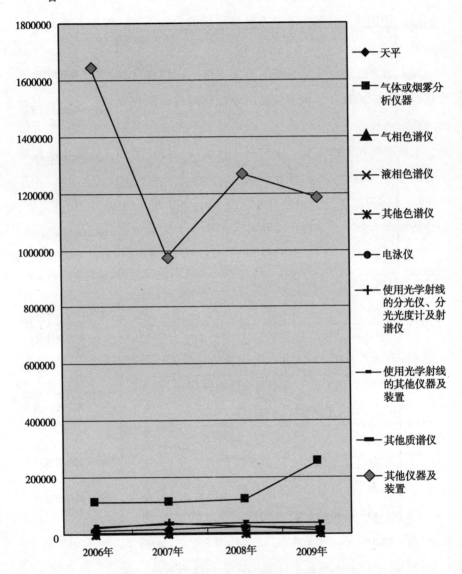

图 8.4 2006～2009 年分析仪器进口数量统计

8.1.2 国内科学仪器市场需求预测

（1）中国科学仪器需求量占世界市场的份额不高，但增长速度世界排名第一（图8.5、图8.6、表8.4）。

国家加大研究与开发经费的投入力度，中国将从世界工厂向世界研发基地转变。2009年，国务院提出要加快培育战略性新兴产业，以促进我国经济增长方式和结构调整，战略性新兴产业包括航空航天、电子信息、生物医药和生物育种、新材料、新能源、海洋工程、节能环保和新能源汽车等。2009年2月国家颁布了《中华人民共和国食品安全法》，并自2009年6月起施行，2010年版《中国药典》将于2010年10月实施，新版药典进一步扩大了现代分析技术的应用，大幅度提升药品标准，与此同时，国家提高了对环境的保护力度，抑制对水、大气、土壤等的污染，工业生产实施节能减排的政策。

随着中国国民经济和科学技术的发展，以及行业各项法规的实施，中国对分析仪器的市场需求在不断上升。据美国市场研究和调查公司2008年研究报告预测，2007~2012年，中国分析仪器的市场需求量将从16.46亿美元增长到25.77亿美元，占市场的份额为5%，但年均增长速度世界排名第一，为9.4%，高于同期美国和加拿大、欧洲、日本和世界平均年均增长率的5.7%、6.1%、5.9%和6.2%（表8.4、图8.5、图8.6）。

（2）生命科学类仪器、色谱类仪和电泳仪、元素分析和X射线仪器、光谱仪等科学仪器需求量排在前几位（表8.5、表8.6、图8.9）。

美国市场研究和调查公司的报告将分析仪器划分为分离仪器、生命科学仪器、质谱仪、分子光谱仪、原子光谱仪、元素分析和X射线仪器、材料特性测试仪器、实验室自动化仪器和通用实验仪器等九种类型和62个小类。

表 8.4　2007～2012 年世界各地区对分析仪器的需求预测

国家和地区	2007 年		2012 年		2007～2012 年年均增长率（%）
	金额（百万美元）	占比重（%）	金额（百万美元）	占比重（%）	
美国和加拿大	12906	36	17026	35	5.7
欧洲	11205	31	15051	31	6.1
日本	5599	16	7465	15	5.9
中国	1646	5	2577	5	9.4
其他太平洋沿岸	1988	6	3001	6	8.6
拉丁美洲	1115	3	1484	3	5.9
世界其他地区	1638	5	2255	5	6.6
总计	36098	100	48858	100	6.2

资料来源：美国市场研究和调查公司 2008 年研究报告。

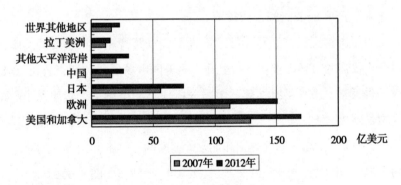

图 8.5　世界各地 2007 年对分析仪器的需求和 2012 年需求预测

　　据美国市场研究和调查公司的报告预测，到 2012 年，中国分析仪器总需求量大约为 24.18 亿美元。其中，生命科学仪器需求占比重最高，为38.63%；其次是分离仪器，主要包括色谱仪和电泳仪，需求量占比重为15.26%；第三是元素分析和 X 射线仪器，需求量占比重为 11.46%；第四是光谱类仪器，包括原子光谱和分子光谱，需求量占比重为 10.34%；

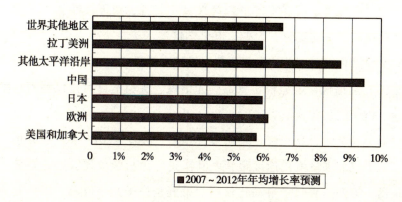

图8.6　世界各地区对分析仪器需求的年均增长率

第五是通用实验室仪器，需求量占比重为 8.48%；第六是质谱仪，需求量占比重为 5.79%；第七是实验室自动化仪器，需求量占比重为 5.29%；第八是材料特性测试仪器，需求量占比重为 4.76%（表8.5、图8.9）。

按分析仪器小类划分，预测 2012 年需求量排在前 1/2 的科学仪器包括以下几类（表8.6）。

生命科学仪器中的 PCR（基因扩增仪）、FC and CA（流式细胞仪和细胞分析仪）、微芯片、核酸纯化和细胞分离仪器、基因测序仪、电泳仪、合成仪。

分离仪器中的高效液相色谱、气相色谱仪、离子色谱仪、低压液相色谱。

光谱仪器的原子吸收分光光度计、紫外可见吸收光谱仪、核磁共振波谱仪、红外光谱仪、电弧/火花发射光谱仪，电感耦合等离子体和辉光放电光谱仪。

质谱仪中的串级液相色谱－质谱联用仪，液相色谱－飞行时间质谱联用仪。

材料特性测试仪器中的颗粒特性测定装置、物理性能试验装置。通用实验室仪器中的实验室天平、电化学仪器、实验室离心机、提取装置，实验室自动化仪器中的微板读板器、液体取样机。

（3）质谱仪、生命科学仪器、光谱仪、实验室自动化仪器需求量增长速度位于前几位。

据美国市场研究和调查公司报告预测，2007～2012年，在分析仪器中，质谱仪需求量增长速度最快，其次是生命科学仪器，第三是分子光谱仪，第四是实验室自动化仪器，第五是原子光谱仪器，第六是材料特性测试仪器，第七是分离仪器，第八是通用分析仪器，第九是元素分析和X射线仪器。年均增长率分别为17.7%、11.6%、11.3%、9.58%、9.15%、8.64%、7.59%、7.17%和2.15%。除元素分析和X射线仪器外，其他类型的分析仪器需求量年均增长率均高于同期美国、加拿大、欧洲、日本乃至世界平均水平（表8.6、图8.7、图8.8）。

按照小类划分，预测2007～2012年分析仪器中增长速度排在前1/2的仪器包括以下几类（表8.6）。

质谱仪中的傅立叶变换质谱仪、串级液相色谱－质谱联用仪、单四极液相色谱－质谱联用仪、液相色谱－飞行时间质谱联用仪。生命科学仪器中的PCR（基因扩增仪）、流式细胞仪和细胞分析仪、Microarrays（微芯片）、Sequencers（测序仪）、核酸纯化和细胞分离仪器。分离仪器中的CFA、快速色谱仪、IC（离子色谱仪）、CE（毛细管电泳仪）。特性材料测试仪器中的量热计、石油分析仪、颗粒特性测定装置。

光谱仪器中的拉曼光谱仪、NMR（核磁共振波谱仪）、电感耦合等离子体和辉光放电光谱仪、紫外－可见吸收光谱仪、PR（偏振仪和折射仪）、NIR（近红外光谱仪）。无机元素分析仪、总有机碳和其他总量测试仪。

实验室自动化仪器中的实验室管理信息学装置、微板读板器、溶出度试验装置。

表 8.5　预测 2012 年中国各类分析仪器需求金额占分析仪器需求金额总量的比重

分离仪器	生命科学仪器	质谱仪	分子光谱	原子光谱	元素分析和X射线仪	材料特性测试	实验室自动化	通用分析技术
15.26%	38.63%	5.79%	5.79%	4.55%	11.46%	4.76%	5.29%	8.48%

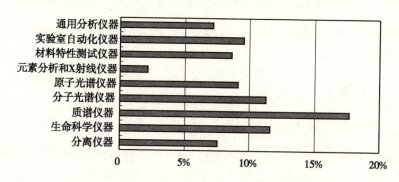

图 8.7　2007~2012 年各类分析仪器增长率预测

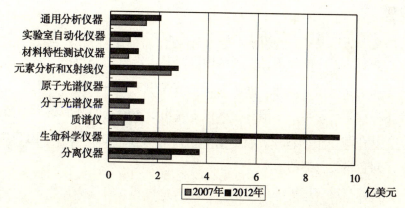

图 8.8　2007 年中国分析仪器需求分析及 2012 年需求预测

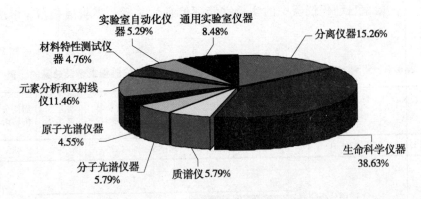

图 8.9　预测 2012 年各类分析仪器需求金额占分析仪器总需求金额的比重

（4）需求量大、增长速度快的分析仪器主要应用于制药、食品安全、环境保护、工业生产和科学研究等领域（图 8.9）。

生命科学仪器中的基因扩增仪（PCR）、流式细胞仪和细胞分析仪、微芯片、核酸纯化和细胞分离仪器、基因测序仪、电泳仪、合成仪主要用于科学研究。生命科学是新兴战略性产业，国家将加大对其研发和产业化的投入力度，通过生命科学的发展，大幅度推动农业、医药等产业的发展。

高效液相色谱仪主要用于制药和生物技术行业，气相色谱仪用于环境保护和石油工业的发展，发展中国家对其需求量增长很快。离子色谱仪主要用于环境保护监测。低压液相色谱仪用于蛋白质分离，主要用户在学术界和制药公司。毛细管电泳仪主要用于实验室的基因组学和蛋白组学，其在制药中的应用，带动了该仪器的发展。2010 版《中国药典》增加了对色谱类仪器的需求。

质谱仪广泛应用于环境保护、食品安全检测、尖端蛋白组学、药物检测、石油工业、航天和反恐等领域，是物质原子量、分子量确定的必

表8.6 2007~2012年世界科学仪器需求预测

仪器分类	中国			美国和加拿大			欧洲			日本			总计		
	2007年销售额（百万美元）	2012年预计销售额（百万美元）	2007~2012年年均增速（%）	2007年销售额（百万美元）	2012年预计销售额（百万美元）	2007~2012年年均增速（%）	2007年销售额（百万美元）	2012年预计销售额（百万美元）	2007~2012年年均增速（%）	2007年销售额（百万美元）	2012年预计销售额（百万美元）	2007~2012年年均增速（%）	2007年销售额（百万美元）	2012年预计销售额（百万美元）	2007~2012年年均增速（%）
HPLC（高效液相色谱仪）	128	192	8.50	1245	1623	5.40	1190	1570	5.70	462	581	4.70	3536	4722	6.00
GC（气相色谱仪）	76	94	4.10	464	496	1.30	510	584	2.70	207	235	2.60	1590	1795	2.50
IC（离子色谱仪）	15	26	12.10	101	134	5.80	131	192	7.90	56	73	5.40	340	491	7.60
LPLC（低压液相色谱）	18	26	7.80	119	141	3.40	122	149	4.00	47	60	4.90	353	435	4.30
Flash Chromatography（快速液相色谱仪）	2	4	12.70	45	60	6.10	34	49	7.50	8	12	7.20	97	136	7.10
TLC 薄层色谱法	2	3	5.10	17	18	1.40	19	23	3.90	7	8	2.30	54	62	2.80
CE（毛细管电泳仪）	11	17	9.60	72	99	6.40	53	75	7.10	24	33	6.70	182	257	7.10
CFA	3	6	15	22	42	14	21	31	8.20	6	10	9.80	59	101	11.30
CS/EN（化学传感器/电子鼻）	1	1	7.20	10	14	8.30	9	14	9.90	3	5	7.10	25	37	8.40
分离仪器小计	256	369	7.59	2095	2627	4.63	2089	2687	5.16	820	1017	4.40	6236	8036	5.20
Sequencers（测序仪）	38	64	10.60	399	603	8.60	272	410	8.50	137	200	7.80	891	1338	8.50
PCR（基因扩增仪）	140	271	14.20	746	1008	6.20	592	819	6.70	291	407	7.00	2056	2952	7.50
Microarrays（微芯片）	89	159	12.40	422	568	6.10	344	520	8.60	155	228	8.00	1110	1614	7.80
Electrophoresis（电泳仪）	38	44	2.90	266	303	2.60	259	332	5.10	107	133	4.60	761	921	3.90

仪器分类	中国			美国和加拿大			欧洲			日本			总计		
	2007年销售额（百万美元）	2012年预计销售额（百万美元）	2007~2012年年均增速（%）	2007年销售额（百万美元）	2012年预计销售额（百万美元）	2007~2012年年均增速（%）	2007年销售额（百万美元）	2012年预计销售额（百万美元）	2007~2012年年均增速（%）	2007年销售额（百万美元）	2012年预计销售额（百万美元）	2007~2012年年均增速（%）	2007年销售额（百万美元）	2012年预计销售额（百万美元）	2007~2012年年均增速（%）
Biosensors（生物传感器）	7	9	6.90	47	62	5.80	49	67	6.30	14	20	7.20	130	178	6.50
FC and CA（流式细胞仪和细胞分析仪）	106	201	13.60	726	983	6.20	531	738	6.80	213	318	8.40	1771	2528	7.40
IVAI（活体动物体内光学成像仪）	2	5	21.10	149	292	14.40	71	150	16.20	49	89	12.60	289	571	14.60
Synthesizers（合成仪）	28	38	6.50	162	170	0.90	153	186	3.90	70	86	4.30	464	539	3.00
NAP and CS（核酸纯化和细胞分离仪器）	79	125	9.60	469	547	3.10	432	533	4.30	140	177	4.80	1217	1509	4.40
BC（生物信息学和化学信息学仪器）	12	18	8.60	352	423	3.80	177	216	4.10	95	120	4.70	682	836	4.20
生命科学仪器小计	539	934	11.60	3738	4959	5.82	2880	3971	6.64	1271	1778	6.94	9371	12986	6.74
单四极 LC-MS（单四极液相色谱-质谱联用仪）	7	15	17.60	53	77	7.50	46	67	7.90	19	26	7.10	145	222	8.90
Tandem LC-MS（串级液相色谱-质谱联用仪）	32	76	19.10	293	476	10.20	246	402	10.3	70	104	8.10	748	1251	10.80
Time-of-Flight LC-MS（液相色谱-飞行时间质谱联用仪）	12	26	17.30	136	224	10.50	118	198	10.80	38	52	6.10	343	570	10.70

仪器分类	中国			美国和加拿大			欧洲			日本			总计		
	2007年销售额（百万美元）	2012年预计销售额（百万美元）	2007~2012年年均增速（%）	2007年销售额（百万美元）	2012年预计销售额（百万美元）	2007~2012年年均增速（%）	2007年销售额（百万美元）	2012年预计销售额（百万美元）	2007~2012年年均增速（%）	2007年销售额（百万美元）	2012年预计销售额（百万美元）	2007~2012年年均增速（%）	2007年销售额（百万美元）	2012年预计销售额（百万美元）	2007~2012年年均增速（%）
GC-MS（气相色谱-质谱联用仪）	7	11	9.30	98	122	4.50	96	119	4.40	27	33	4.10	254	322	4.90
FT-MS（傅立叶变换质谱仪）	2	8	27.90	66	121	12.80	64	121	13.60	16	24	8.50	158	293	13.20
Magnetic Sector MS（扇形磁场质谱仪）	2	4	8.40	38	44	3.10	38	45	3.20	16	18	2.70	103	122	3.40
质谱仪器小计	62	140	17.70	684	1064	9.23	608	952	9.38	186	257	6.68	1751	2780	9.68
UV-Vis Spectroscopy（紫外-可见光吸收光谱仪）	25	43	11.40	209	268	5.10	205	259	4.90	87	114	5.50	684	915	6.00
PR（偏振仪和折射仪）	3	4	10.30	45	52	3.00	36	43	3.60	16	20	3.70	113	138	4.10
Ellipsometry（偏振光解析仪）	2	3	6.70	24	27	2.40	21	24	2.50	9	11	2.40	63	72	2.80
F and L（荧光光度计和发光分析仪）	5	6	5.70	45	49	1.80	42	47	2.20	23	25	2.30	139	157	2.40
NIR（近红外光谱仪）	8	13	9.90	94	124	5.80	86	115	6.10	29	39	6.10	262	362	6.70
IR（红外光谱仪）	16	26	9.50	215	284	5.70	192	257	6.00	64	86	6.10	582	795	6.40
Raman Spectroscopy（拉曼光谱仪）	3	8	18.90	63	122	14.30	54	103	13.8	24	47	14.6	164	324	14.6

仪器分类	中国			美国和加拿大			欧洲			日本			总计		
	2007年销售额（百万美元）	2012年预计销售额（百万美元）	2007~2012年年均增速（%）	2007年销售额（百万美元）	2012年预计销售额（百万美元）	2007~2012年年均增速（%）	2007年销售额（百万美元）	2012年预计销售额（百万美元）	2007~2012年年均增速（%）	2007年销售额（百万美元）	2012年预计销售额（百万美元）	2007~2012年年均增速（%）	2007年销售额（百万美元）	2012年预计销售额（百万美元）	2007~2012年年均增速（%）
NMR（核磁共振波谱仪）	20	37	12.50	310	484	9.30	368	562	8.80	121	184	8.90	927	1444	9.30
分子光谱小计	82	140	11.30	1005	1410	7.00	1004	1410	7.02	373	526	7.11	2934	4207	7.47
AAS（原子吸收分光光度计）	30	46	8.90	106	106	0.10	114	109	-1.00	60	61	0.20	403	431	1.40
ICP and GDS（电感耦合等离子体和辉光放电光谱仪）	16	28	11.50	109	136	4.40	137	160	3.20	57	70	4.10	380	476	4.60
ICP-MS（电感耦合等离子体质谱仪）	6	10	8.40	95	129	6.20	64	85	5.90	70	97	6.90	279	383	6.50
Arc/Spark OES（电弧/火花发射光谱仪）	19	26	7	55	57	0.70	43	47	1.40	31	34	1.70	207	242	3.20
原子光谱小计	71	110	9.15	365	428	3.24	358	401	2.29	218	262	3.75	1269	1532	3.84
无机元素分析仪	9	17	15.30	60	68	2.40	48	55	2.80	34	37	1.80	190	234	4.30
有机元素分析仪	2	3	9.10	19	24	4.20	16	20	4.60	6	7	3.50	54	69	5.20
总有机碳和其他总量测试仪	4	6	10.60	33	48	7.30	29	42	7.60	18	27	7.80	97	142	7.90
XRD（X-衍射仪）	11	18	9.80	133	226	11.20	89	168	13.60	140	236	11.00	424	741	11.80
XRF（X-荧光光谱仪）	115	84	-6	218	336	9.00	157	218	6.80	198	288	7.80	824	1143	6.80
光学显微镜	102	140	6.60	603	752	4.50	656	810	4.30	360	442	4.20	2117	2659	4.70

仪器分类	中国			美国和加拿大			欧洲			日本			总计		
	2007年销售额（百万美元）	2012年预计销售额（百万美元）	2007~2012年年均增速（%）	2007年销售额（百万美元）	2012年预计销售额（百万美元）	2007~2012年年均增速（%）	2007年销售额（百万美元）	2012年预计销售额（百万美元）	2007~2012年年均增速（%）	2007年销售额（百万美元）	2012年预计销售额（百万美元）	2007~2012年年均增速（%）	2007年销售额（百万美元）	2012年预计销售额（百万美元）	2007~2012年年均增速（%）
表面分析仪	3	5	9	98	120	4.10	76	93	4.00	114	124	1.50	318	376	3.40
共聚焦显微镜	3	4	7	54	79	7.90	36	53	8.00	29	38	5.60	136	194	7.40
元素分析和X射线仪合计	249	277	2.15	1213	1653	6.29	1107	1459	5.68	899	1199	5.93	4160	5558	5.97
热分析仪	14	20	7.30	163	209	5.00	131	175	6.00	98	137	6.90	459	617	6.10
流变仪和粘度计	4	6	6.60	72	93	5.20	85	107	4.70	47	59	4.50	241	306	4.90
颗粒特性测定装置	22	36	10.20	106	142	6.00	116	155	6.10	67	93	6.70	373	509	6.40
物理性能试验装置	26	36	7	211	240	2.60	224	271	3.90	128	164	5.10	640	776	3.90
量热计	7	12	12	45	50	2.30	42	65	9.00	31	47	8.70	140	198	7.20
石油分析仪	3	5	11	56	69	4.30	47	62	5.60	18	22	3.70	149	191	5.10
材料特性测试小计	76	115	8.64	653	803	4.22	645	835	5.30	389	522	6.06	2002	2597	5.34
微板读板器	28	46	10	322	453	7.00	267	381	7.30	82	118	7.50	782	1115	7.40
液体取样器	29	45	9	495	640	5.30	395	525	5.90	127	173	6.30	1161	1544	5.90
机器人	4	6	8.30	140	163	3.10	116	142	4.10	37	46	4.70	316	385	4.00
实验室管理信息学装置	15	24	10.20	284	421	8.30	167	246	8.10	32	50	9.30	539	806	8.40
溶出度试验装置	5	7	9.60	60	99	10.5	35	60	11.20	8	12	7.10	118	192	10.30

续表

仪器分类	中国			美国和加拿大			欧洲			日本			总计		
	2007年销售额（百万美元）	2012年预计销售额（百万美元）	2007~2012年年均增速（%）	2007年销售额（百万美元）	2012年预计销售额（百万美元）	2007~2012年年均增速（%）	2007年销售额（百万美元）	2012年预计销售额（百万美元）	2007~2012年年均增速（%）	2007年销售额（百万美元）	2012年预计销售额（百万美元）	2007~2012年年均增速（%）	2007年销售额（百万美元）	2012年预计销售额（百万美元）	2007~2012年年均增速（%）
实验室自动化小计	81	128	9.58	1301	1776	6.42	980	1354	6.67	286	399	6.89	2916	4042	6.75
电化学仪器	37	50	6	240	291	3.90	262	319	4.00	105	123	3.20	749	911	4.00
实验室天平	36	63	11.80	274	278	0.20	274	342	4.50	79	89	2.20	722	846	3.20
放射性测量仪器	9	12	4.50	95	99	0.80	70	80	2.60	30	33	1.50	234	257	1.90
提取装置	16	25	8.90	129	168	5.50	100	134	6.00	39	50	5.10	322	428	5.90
微波辅助化学装置	3	5	9.20	49	64	5.40	41	58	6.80	10	14	7.50	109	149	6.40
实验室离心机	44	50	2.40	235	262	2.30	216	261	3.90	82	90	1.70	634	725	2.70
通用分析技术小计	145	205	7.17	1022	1162	2.60	963	1194	4.39	345	399	2.95	2770	3316	3.66

资料来源：美国市场研究和调查公司 2008 年研究报告。

备工具，是科学仪器的高端产品和重要的战略产品。质谱仪联用仪器的数量激增，单四级液相色谱－质谱联用仪是一个迅速成熟的市场。电感耦合等离子体质谱仪在环境和半导体行业的应用已经超过市场的一半。2010 年版《中国药典》增加了质谱仪的需求，首次采用液相色谱－质谱联用仪（LC—MS）控制中药质量，采用电感耦合等离子体质谱仪（ICP—MS）测定中药中的砷、汞、铅、镉、铜的含量。

分子光谱仪中的近红外光谱已广泛应用于农业、食品、医药、石油、化工等领域，近红外仪器已经形成独立的产业。原子吸收分光光度计具有稳定的市场，目前，环境与产品安全对原子吸收分光光度计需求的增长主要在亚洲。电感耦合等离子体和辉光放电光谱仪应用于环境样品（通常是水和土）的常规测试。由于这些应用，带有固态检测器的电感耦合等离子体光谱仪占领了电感耦合等离子体光谱仪市场。电弧/火花发射光谱仪用于金属合成金回收和一般质量控制分析。红外光谱是最常用的结构分析和组成分析工具。2010 年版《中国药典》在原料药鉴别中进一步扩大红外光谱法应用，并逐步用于制剂的鉴别，增强了鉴别的专属性。紫外－可见光谱仪广泛应用于地质、环境、能源、材料、食品等科学领域，在这些领域中发挥着重要作用。

2010 年版《中国药典》增加了对原子吸收光谱仪（AAS）和火焰分光光度计的需求，用于无机离子的含量测定和检查。

无机元素分析仪广泛应用于环境测试、金属产品分析。总有机碳和其他总测量仪主要用于环境监测，是全球发展所需要的。这类测试仪器市场发展最快的是发展中国家，那里的饮水质量安全已经越来越受到关注。2010 年版《中国药典》的发布，增加了对总有机碳测定仪的需求，用于水质分析。

颗粒特性测定装置应用于纳米粒子及其特性的研究，纳米研究促进了颗粒测定装置的发展。物理性能试验装置主要用于航空航天和汽车行业。

石油分析仪在中国发展迅速。量热计生物技术领域对量热计的需求占量热计市场的1/4。液体取样器：药行业的发展促进了其发展，其应用于基因组研究和临床检测。X－荧光光谱仪主要应用于工业安全生产和环境保护。

2010年版《中国药典》增加了对光学仪器显微镜的应用。

电化学仪器应用于环境保护、能源、出入境检疫检验与食品安全公共安全领域，在质量保证和质量控制方面的应用占电化学仪器市场的一半以上。

通用分析仪器——实验室天平、实验室离心机、提取装置广泛应用于实验室。提取装置，医药行业的需求量占其市场的1/4以上。

8.1.3 科学仪器设备自主研发需求调查

2009年，政府有关部门对55家高等院校、55家中央级研究院所、50家地方研究院所、16家企业，共计176家机构进行了科学仪器设备自主研发需求调查（表8.7）。

调查结果显示，在812件需要自主研发的科学仪器设备及其关键零部件中，分析仪器占比重最高，其次是其他仪器，第三是特种检测仪器，第四是物理性能测试仪器，第五种是核仪器，分别占需要研发仪器总量的28.82%、14.66%、11.08%、10.10%和7.51%，上述合计占需要研发仪器总量的72.17%（表8.8、图8.10）。

其他仪器主要包括：公共安全、食品安全检测、环境保护、矿山安全、临床医学、生物医药、生物遗传育种、机器人技术、能源技术、电子信息、材料科学与工程、空间技术、地质调查、水文工程、交通运输、建筑材料、冶金工业等领域应用的专用仪器设备。

在分析仪器中，自主研发需求量最大的是光谱仪器，其次是环境与农业分析仪器，第三是生化分离分析仪器，第四是样品前处理及制备仪器，第五是质谱仪器，分别占需要自主研发仪器总量的 21.37%、14.10%、11.11%、10.68% 和 8.97%，上述合计占需要自主研发仪器总量的 66.23%（表8.9、图8.11）。

需要自主研发的科学仪器主要应用于：食品安全、环境监测、反恐、安全检查、生命科学、生物医学工程、医学诊断、地球科学、光学测量、大气科学、分析化学、新材料、先进能源技术、电子信息技术、机械制造、工业节能、石油天然气、航空、电力、建材、核技术及应用、国防工业、高速轨道、资源勘探、农业等领域的科学研究。

表8.7　科学仪器设备自主研发需求调查的机构统计

单位：家

合计	高校	中央级研究院所	地方研究院所	转制院所和企业
176	55	55	50	16

8.2　科学仪器产业发展的主要任务

从我国科学仪器进口数据和美国市场调查研究公司关于我国科学仪器需求预测，以及我国科学仪器自主研发需求调查数据看，我国需求量大的科学仪器主要集中在光学仪器、分析仪器，特种检测仪器、核仪器以及应用于工农业生产、生物医药、食品安全检测、环境保护和公共安全等领域的专用仪器设备。分析仪器包括：使用光学射线的仪器、光谱类仪器、色谱仪和电泳仪、质谱仪、气体或烟雾分析仪器、生命科学仪

表 8.8 科学仪器设备自主研发需求调查

需求方	数量/台	分析仪器(%)	物理性能测试仪器(%)	计量仪器(%)	电子测量仪器(%)	海洋仪器(%)	地球探测仪器(%)	大气探测仪器(%)	天文仪器(%)	医学诊断仪器(%)	核仪器(%)	特种检测仪器(%)	其他仪器(%)
全部	812	28.82	10.10	4.93	7.27	1.35	7.02	5.30	0.37	1.35	7.51	11.08	14.66
高校	248	33.87	11.29	2.02	6.45	1.61	4.44	1.21	0.00	0.81	8.06	11.69	17.34
中央级院所	373	26.81	8.58	6.70	4.56	0.80	9.92	10.46	0.00	2.68	7.77	8.31	13.14
地方院所	100	31.00	6.00	9.00	9.00	4.00	0.00	1.00	2.00	0.00	5.00	20.00	12.00
转制科研机构和企业	91	21.98	16.48	1.10	18.68	0.00	9.89	0.00	1.10	0.00	7.69	9.89	13.19

表 8.9 分析仪器设备自主研发需求调查

需求方	数量/台	电子光学仪器(%)	质谱仪器(%)	X射线仪器(%)	光谱仪器(%)	色谱仪器(%)	波普仪器(%)	电化学(%)	显微镜及图像分析仪器(%)	热分析仪器(%)	生化分离分析仪器(%)	环境与农业分析仪器(%)	样品前处理及制备仪器(%)	其他(%)
全部	234	6.84	8.97	3.42	21.37	2.56	3.42	2.99	7.69	5.98	11.11	14.10	10.68	0.85
高校	84	5.95	13.10	3.57	16.67	1.19	3.57	3.57	10.71	8.33	10.71	15.48	7.14	0.00
中央级院所	99	9.09	7.07	5.05	22.22	1.01	5.05	2.02	7.07	4.04	5.05	16.16	15.15	1.01
地方科研院所	31	6.45	3.23	0.00	9.68	12.90	0.00	6.45	6.45	3.23	29.03	12.90	9.68	0.00
转制科研机构和企业	20	0.00	10.00	0.00	55.00	0.00	0.00	0.00	0.00	10.00	15.00	0.00	5.00	5.00

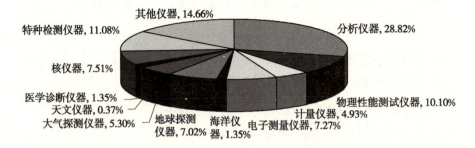

图 8.10　科学仪器设备自主研发需求调查结果统计

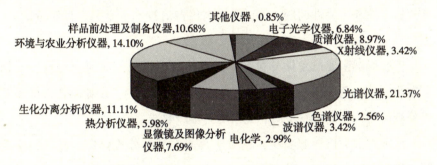

图 8.11　分析仪器设备自主研发需求调查结果统计

器、元素分析和 X 射线仪器，环境与农业分析仪器、样品前处理及制备仪器、通用实验室仪器、实验室自动化仪器、特性材料测试仪器等。

　　我国在光谱仪器、色谱仪器、质谱仪、环境污染和工业生产监测检测专用仪器设备等领域有一定的研发和生产基础。近期我国应重点发展有一定研发和生产基础、需求量大且面广的科学仪器和关键零部件。关键零部件技术成熟的，可以组织技术和相关产品攻关、整机攻关。

8.2.1　生命科学仪器设备

　　通过原始创新、集成创新以及消化吸收再创新等多种创新模式，着力攻克生命科学仪器设备相关关键部件和关键技术，研究开发一批仪器设备。具体任务包括：基因扩增仪、流式细胞仪和细胞分析仪、微芯片、核酸纯化和细胞分离仪器、基因测序仪、电泳仪、合成仪等。目前，我国已经有一些研究机构和企业在研究和生产生命科学仪器的相关产品。

8.2.2 食品安全、环境保护、制药等领域应用的量大面广的通用科学仪器

以集成创新为主线，攻克色谱仪、光谱仪、毛细管电泳、电化学仪器、专用质谱仪的关键零部件以及质谱仪联用技术的研发，着重解决仪器的稳定性和可靠性问题，进一步提高仪器的技术水平和设计制造能力，提高科学仪器的市场占有率。

色普仪器主要研发任务包括：高效液相色谱仪、薄层色谱仪、气相色谱仪、离子色谱仪、低压液相色谱、快速色谱仪、毛细管电泳仪等常规分析仪器。色谱仪在上海和北京均有生产制造基地。

我国光谱类仪器起步早，相对于其他类型的分析仪器，光谱类仪器国产化程度相对较好，并且有相当一部分仪器出口到海外，但是在可靠性和稳定性方面还需要进一步提高。研发的主要任务包括：原子吸收分光光度计、紫外可见吸收光谱仪、核磁共振波谱仪、红外光谱仪、电弧/火花发射光谱仪，电感耦合等离子体和辉光放电光谱仪、拉曼光谱仪、偏振仪和折射仪、原子吸收光谱仪、近红外光谱仪。原子荧光技术我国具有自主知识产权，应进一步开发其功能和国际化标准，推动其走向世界，创造中国品牌。

质谱仪及其联用技术研发。在全球经济一体化的背景下，本国制造所有仪器不一定节约成本，如果制造的仪器不能在全球范围内销售，将得不偿失。依靠目前的中国工业基础，科学仪器生产企业难以制造出具

有竞争力的高端质谱仪。但是并不是所有使用质谱仪的领域都要求很高的灵敏度和分辨率，在一些特定领域，对于在线、快速、专属性的要求胜过对其他指标的要求，这样的专用质谱仪器价格较低，不仅可以满足用户的需求，还可以避免与跨国公司直接竞争，且企业又能达到生存和积累的目的。目前，我国质谱仪研发比较成功的企业集中在底层专用领域：氦质谱检漏仪、残留气体、环境大气质谱仪的研发。质谱仪发展的主要任务包括：专用质谱仪的研发，质谱仪联用技术的开发。色谱－质谱联用技术发展潜力十分巨大。随着生命科学、生物医药、环境保护、食品安全、进出口业务等方面的新兴学科的发展，国际和国内的需求将飞快增长，在中高档仪器方面由进口仪器垄断的局面，必须改变。

电化学仪器、总有机碳测定仪器也广泛应用于环境保护。在国内，电化学分析仪器生产厂家有七八个主要生产厂家，质谱仪和电化学仪器在上海有生产基地。

8.2.3　通用实验室仪器和自动化仪器

随着我国科研经费投入的加大，以及各行业法规的实施，实验室检测任务加大，对实验室通用仪器的需求量迅速增加。通用实验室仪器的主要研发任务包括：实验室天平、电化学仪器、实验室离心机、提取装置、光学仪器，实验室自动化仪器中的微板读板器、液体取样机等。

8.2.4　工农业生产专用科学仪器

工业企业生产用科学仪器，需要提供现场服务，目前，提供现场服务者大多是中国的代理公司，因此，跨国公司难以得到价值链的全部利润，这些给我国仪器生产企业提供了机遇。我国工农业生产用科学仪器设备有一定研发基础，应重点发展的专用仪器包括：农林牧副渔专用仪器、地质勘探和地震专用仪器、导航和气象及海洋专用仪器、电子测量仪器、教学专用仪器、核子及核辐射测量仪器；工农业生产用通用仪器包括：物理性能试验装置、材料和测试仪器、量热计、石油分析仪、元素分析和 X 射线仪器、气体或烟雾分析仪器等。

8.2.5 环境监测专用仪器

随着环境监测事业的发展，环保仪器设备不单单是独立的监测仪器，而且涵盖了现场应急快速监测仪器、现场在线监测仪器、数据采集设备、数据传输设备、数据管理设备和软件系统等众多方面。我国环境监测仪器有一定的研发和生产基础，应发展有中国特色的环境监测专用仪器。

9

相关政策建议

9.1 利用政府采购、税收优惠等政策，为自主创新科学仪器设备创造市场

我国科学仪器产业处于幼稚阶段，应制定政策予以扶持。首先，购买国产科学仪器设备的企业可以享受一定幅度的税收优惠政策，以推动国产科学仪器设备的使用。其次，加大政府采购力度。如果国产科学仪器设备的性能指标能够满足需求，则应通过政府采购购买国内产品，不能采购进口科学仪器。第三，建立采购搭配制度。现阶段，从发达国家进口高端科学仪器是必须的，但为了支持国产科学仪器产业的发展，政府应建立强制性政策，要求购置科学仪器的单位，在进口科学仪器的同时，按照一定的资金比例搭配购买能满足性能指标的国产科学仪器。美国政府规定，企业国际采购至少购买 50% 的国内原材料、仪器设备和产品。美国政府通过政府采购扶植了 IBM、惠普、德克萨斯仪器公司等一批国家 IT 业巨头。第四，优先发展并采购关系国计民生，并且有研发基础的科学仪器设备。随着《中华人民共和国环境保护法》《中华人民共和国食品安全法》的颁布和落实，环境保护、食品安全监测、检测用科学仪器设备市场需求快速增长。2009 年 2 月出台的应对金融危机的十大产业振兴规划中，有八大产业和环境监测有直接联系。我国环境污染情况复杂，外国分析仪器难以适用，国内企业应该主导这个市场。食品安全关系国计民生，其技术保障体系如果建立在外国仪器的基础上，势必会受制于人。同时考虑到我国企业在环境监测、食品安全检测仪器设备研发和生产方面有一定基础，因此，建议国家有关部委，将大部分市场留给

国内企业，扶持行业龙头企业发展。

9.2 开展科学仪器成果示范，推动自主创新科学仪器广泛应用

建立国产与国外同类科学仪器性能比对实施的专业部门，对自主创新仪器做出及时评价，增强用户使用国产仪器的信心。鼓励科研人员利用国产科学仪器开展方法研究，不断拓展仪器的使用功能和应用范围，进一步提高国产科学仪器的质量。通过组织用户示范等方式，支持产学研结合，鼓励用户使用首台/套国产科学仪器，推进科学仪器的政府采购，大力培养国产科学仪器市场。

9.3 吸引、鼓励优秀人才进入科学仪器生产企业

提供宽松的科研环境和较高的薪酬待遇，吸引海外优秀人才到科学仪器生产企业工作，让他们享受与高校、科研机构聘用学科带头人的同等待遇，在户口申报、住房优惠、子女入学等方面给予优惠政策支持，以解决他们的后顾之忧。允许高等院校和科研院所的科技人员到企业兼职进行技术开发；鼓励企业与高等院校和科研院所共同培养技术人才；支持企业降低引进人才的门槛，企业可聘请一些长期在中国工作的国外退休的仪器制造工艺工程师，到企业协助解决关键技术难题。

9.4 在高校中恢复和设立科学仪器专业

教育部应在国家一些著名的高等院校恢复及设立科学仪器专业，为

科学仪器行业输送专业人才。鼓励企业技术骨干到高等院校兼职任教。在一些有条件的企业中，建立专门负责高等院校学生实践的机构，加强学生在企业中实践的环节。政府应给予企业一定的资金补贴。

9.5 落实激励政策，完善科技人员评价指标，促进仪器研发

科研单位、高校在获得科技成果转让收益时，应优先奖励参加研发的科技人员，以促进研发人员与企业结合。落实《中华人民共和国促进科技成果转化法》《关于促进科技成果转化的若干规定》（国办发〔1999〕29 号）等法律、法规中提出的，鼓励以作价入股方式转化科技成果的相关政策，保障科技人员的利益，促进产学研合作。

鼓励科学仪器企业在进行现代化企业股份制改造时，对于企业中有突出贡献的科技骨干、创新项目的主要完成者，以及优秀的经营管理者可持有一定的股份或期权，以缩小与外资企业收入的差距，以利于国内企业吸引人才、留住人才。

科研机构、高校购买了许多仪器，但核心技术却难以买到。因此，要提高专利在评价指标体系中所占权重，鼓励科技人员发明创造；增加转化科技成果、获得经济效益指标在评价中所占的权重，以促进科学仪器研发，促进科技成果转化。鼓励高校、科研院所的科研人员在保留职务、待遇不变的情况下，从事技术转移和成果转化工作，或在企业任职。

9.6 整合优势资源，构建产业技术创新战略联盟

以"技术创新带动产业发展"为宗旨，整合全国科学仪器及其他相

关行业骨干企业以及在国际技术领域具有前沿水平的大学或科研机构，联合应用领域权威机构，开展技术合作，发展科学仪器核心技术，在专业化合理分工的基础上，依托国家引导资金及政策，以多样化、多层次的自主研发与开放合作创新相结合，建立新型技术创新体系。组织企业、大学和科研机构等围绕产业技术创新的关键问题，针对产业发展的核心技术、共性技术、重大前沿技术进行攻关，不断增强行业的自主创新能力和国际竞争力。联盟构建要坚持面向市场、平等自愿、风险共担、利益共享的原则。"十二五"期间，优先构建国家质谱仪产业技术创新联盟、国家光谱仪器产业技术创新联盟、食品安全仪器产业技术创新联盟、生态环保仪器产业技术创新联盟。在构建产业联盟的工作中，行业协会和学会应起桥梁作用，有关政府部门应起引导和扶持作用。

9.7 培育创新型企业

成熟产业链的特点是：在一个产业内，必须有一家或若干家龙头企业能提供整体解决方案，引领整个行业的发展方向。在这种成熟产业链中，龙头企业应具有优秀研发团队，拥有自主核心知识产权，具备先进企业运作理念、产品研发模式和国际创新管理经验，可以很好地为政府决策提供最为专业的技术支撑，并带动整个行业的发展。

通过优选"种子企业"，并给予相关政策扶持及资金配套等一揽子优惠，以企业为基础建立产业化示范基地，帮助企业更快更好地形成新的"政、产、学、研、用"一体化发展模式，尽快取得技术成果，提高国内科学仪器领域的学术水平，推动相关行业的技术进步，同时培育科学仪器研发领域的龙头企业，带动上下游配套产业发展，提高我国科学仪器设备产业的整体发展水平，扭转科学仪器行业内国外品牌长期占据领先地位、国内厂商散乱落后的发展格局。

采取"龙头＋外围"的方式，以产业技术创新联盟为基本牵制点，在国有骨干企业、转制院所、高新技术企业和其他主要依靠技术创新发展的企业中重点培育在技术创新、品牌创新、体制机制创新等方面成效突出的创新型企业，围绕核心仪器设备的自主开发与应用，与高校、院所进行需求对接，建立仪器设备产业化示范基地，积极开展仪器集成创新和引进消化吸收再创新。

9.8　推进科学仪器自主创新多元投入格局的形成

首先加大中央财政对科学仪器自主研发的支持力度；同时鼓励地方政府、企业增加投入，推动企业成为投入的主体；积极引导银行对科学仪器企业自主创新的信贷投入力度；推动建立仪器企业融资担保机制；鼓励风险投资企业对科学仪器企业的投资，大力支持科学仪器企业进入创业板、中小企业版等融资市场；通过科技担保，建立对自主创新科学仪器首台/套的风险补偿机制；继续推进有利于科学仪器创新的税收优惠政策的落实。